스포츠과학 실습매뉴얼

Sports Science Laboratory Manual for Kinesiologists

/

강현주 · 한경모

스포츠과학 실습 매뉴얼

1판 1쇄 발행 2018년 2월 20일

지은이 강현주, 한경모
펴낸이 이광재
펴낸곳 도서출판 한미의학(2018 Printed in Korea)

책임편집 오인택
본문편집 서영주
책임교정 이순례, 권동훈
마 케 팅 양용석
경영관리 이종희, 조보람

출판등록 1999년 7월 13일 제22-1586호
주소 서울시 마포구 동교로 23길 36 한마음빌딩
전화 02-336-3477
팩스 02-336-6762
메일 k_medical@hanmail.net
www.hanmibook.co.kr

ISBN 979-11-86089-82-8 93510
정가 20,000원

스포츠과학 실습매뉴얼

Sports Science Laboratory Manual
for Kinesiologists

지은이 소개

강현주

- 現 순천향대학교 스포츠의학과 교수
  건강운동관리사 자격검정 출제위원
  대한운동학회 상임이사
  한국운동생리학회 이사

- 前 서울대학교 체육학 박사 취득, 운동생리학 전공
  서울아산병원 스포츠의학센터 운동처방사
  미국 Johns Hokins Bayview Medical Center 연구원
  미국 Columbia University 방문교수

한경모 Ph.D., ATC, CSCS

- 現 캘리포니아주립대 산호세대학교 교수
  (San José State University)
  Atletic Training Program Director

- 前 2016년 97회 전국체전 서울특별시 의무지원팀장
  2002년 아시안게임 유도, ATC
  1999년/2000년 World Cup Short Track Speed Skating, Medical Staff

머리말

2016년 눈이 오던 어느 겨울날

스포츠과학을 전공하는 학생들의 전공 교과과정과 현장경험을 위한 실습활동 및 졸업 후 진로 등에 대하여 의견을 나누다가 이 분야에 입문하는 학생들에게 기초적인 지식을 전달하고 배운 지식을 기반으로 실습활동을 통해 전공분야의 이해를 돕기 위하여 스포츠과학 실습 매뉴얼 교재를 집필하기로 마음먹었다.

대학에서 스포츠과학을 전공하는 동안 다루어지는 핵심 내용들을 12장으로 나누어 본 교재에 담았으며, 이 후 장 별 세부 내용들은 각 전공과목에서 좀 더 심도 있게 다루어 질 것이다.

본 실습 매뉴얼은 무엇보다 전공 학생들에게 "정확한" 내용을 전달하고자 많은 노력을 기울였으며 각 장에 나오는 실습활동의 측정 및 평가 과정을 통해 기초적인 지식 습득뿐만 아니라 실습활동을 지도할 수 있는 경험도 쌓아갈 수 있도록 구성하였다.

실습 내용의 정확한 전달을 위해, 추운 겨울 날 반복되는 사진촬영에도 흔쾌히 모델이 되어준 김대건, 김한샘, 오동희, Bryce O'Hara, Natalia San Juan 제자들에게 고마움을 전한다. 또한 교재의 시작부터 최종 디자인까지 조언을 해주신 도서출판 한미의학 이광재 대표이사님과 양용석 부장님, 그리고 7차까지 이어지는 원고 수정에 너무나 많은 시간과 노력을 해주신 오인택 과장님께 감사의 마음을 전한다.

본 교재를 통해 스포츠과학의 발전과 개인의 역량을 높이기 위해 도전하는 많은 학생들이 이 분야에 보다 더 흥미를 가졌으면 하는 바램이며, 정확한 실습활동을 통해 스포츠의 과학화를 실현해가는 전문인으로 한 발 더 내디딜 수 있는 시간이 되었으면 한다.

저자 강현주, 한경모

목차

CHAPTER 1

골운동형상학

Osteokinematics

인체의 움직임은 골격계, 근육계 및 신경계의 종합적인 소통에 의해서 이루어진다. 움직임을 이해하기 위해서는 해당 관절의(회전)축과 면의 상관관계를 알아야 하고, 인체 움직임의 묘사는 해부학적 자세를 기준으로 설명되어진다.

해부학적 자세는 첫째, 허리는 곧게 편 상태에서 양 발을 나란히 붙이거나 약간 떨어지게 하고 시선은 정면을 바라본다. 둘째, 엄지는 바깥쪽을 향하게 하고 다른 손가락은 모은 채 손바닥은 앞을 향하게 편다. 셋째, 위팔은 몸통에 붙이고 아래팔은 자연스럽게 내린 자세로 손이 몸통에 닿지 않게 한다.

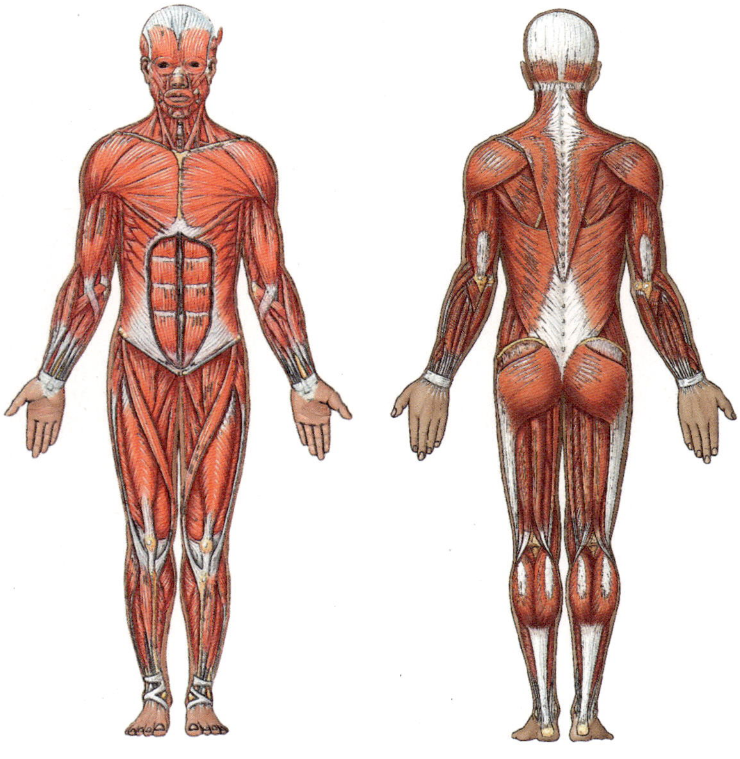

그림 1-1 해부학적 자세

인체의 3가지 면

- 시상면(Sagittal plane): 바닥면에서 수직각을 유지하며 인체를 좌우로 나눈 면
- 가로면(Transverse plane): 바닥면과 평행을 유지하며 인체를 상하로 나눈 면이며, 수평면(Horizontal plane)이라고도 한다.
- 이마면(Frontal plane): 바닥면에서 수직각을 유지하며 인체를 앞뒤로 나눈 면이며, 관상면(Coronal plane)이라고도 한다.

인체의 3가지 (회전)축

- X축: 왼쪽에서 오른쪽으로 통과 하는 인체 중앙축
- Y축: 아래에서 위 방향으로 통과하는 인체 중앙축
- Z축: 뒤에서 앞으로 통과하는 인체 중앙축

인체 움직임의 회전이 X축에서 일어날 때 동작의 시작과 끝을 연결하는 움직임 면은 시상면과 평행하고, Y축에서는 가로면, 그리고 Z축에서 일어날 때 동작의 움직임면은 이마면과 평행한다.

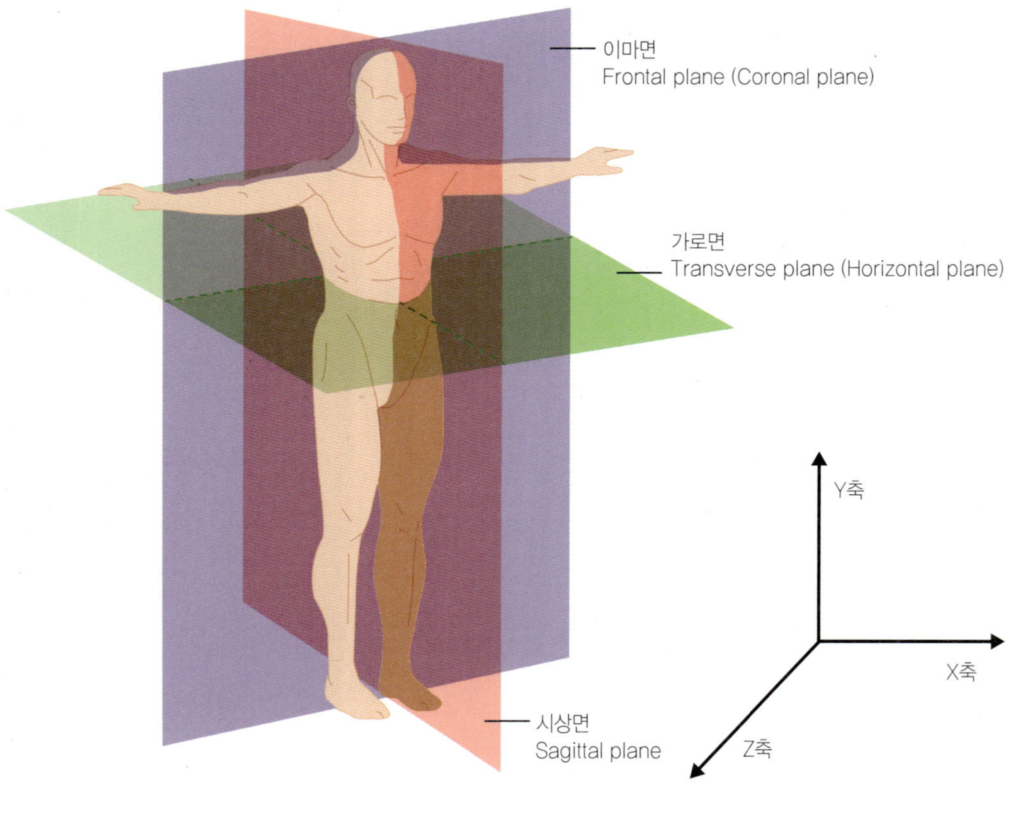

그림 1-2 인체의 면(Plane)과 축(Axis)

위치 용어(Location Terminology)

움직임을 설명하기 위해서는 인체의 위치를 구분하는 용어들을 알아야 한다.

- 앞쪽: Anterior; 배쪽(Ventral)
- 뒤쪽: Posterior; 등쪽(Dorsal)
- 위, 상, 머리쪽: Superior
- 아래, 하, 발쪽: Inferior
- 안쪽, 내측, 중간선쪽: Medial
- 가쪽, 외측, 중간선 반대쪽: Lateral
- 몸쪽, 근위: Proximal
- 먼쪽, 원위: Distal
- 머리: Cranial
- 꼬리: Caudal

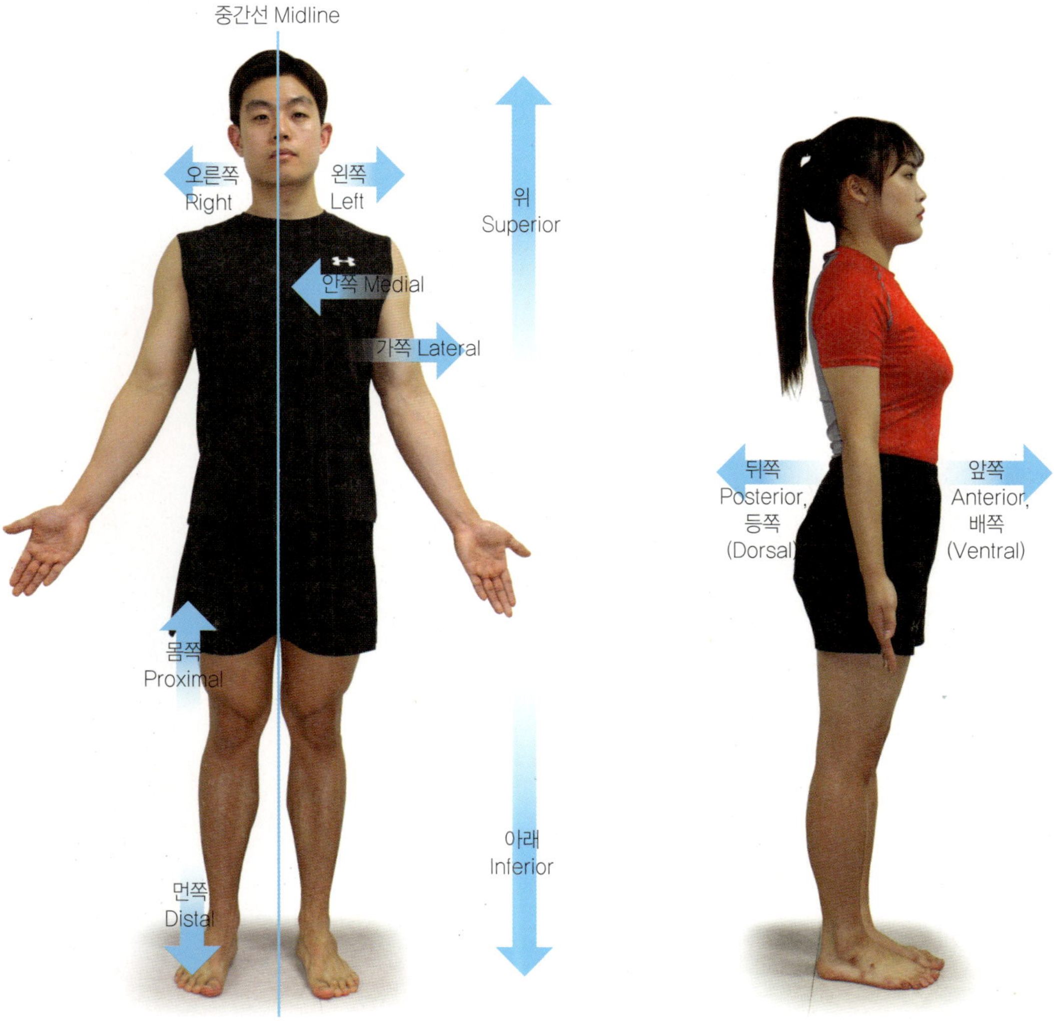

그림 1-3 인체의 위치 용어

움직임 용어(Movement Terminology)

해부학적 자세를 바탕으로 움직임에 따른 명칭과 사진들이다.

움직임 1

- **굽힘**(Flexion): X축에서 일어나는 시상면의 움직임이며, 해부학적 자세에서 멀어진다.
- **폄**(Extension): X축에서 일어나는 시상면의 움직임이며, 해부학적 자세로 가까워진다.
  ▶예외: 엄지손가락의 굽힘과 폄은 Z축에서 일어나는 이마면의 움직임이다.
- **과다굽힘**(Hyperflexion): X축에서 일어나는 시상면의 움직임에서 더 멀어지는 최대 굽힘이며, 해부학적 자세에서 더 멀어진다.
- **과다폄**(Hyperextension): X축에서 일어나는 시상면의 움직임이며, 해부학적 자세에서 굽힘 반대 방향으로 최대로 편다.
- **가쪽굽힘**(Lateral flexion): Z축에서 일어나는 이마면의 움직임이며, 해부학적 자세에서 멀어진다.

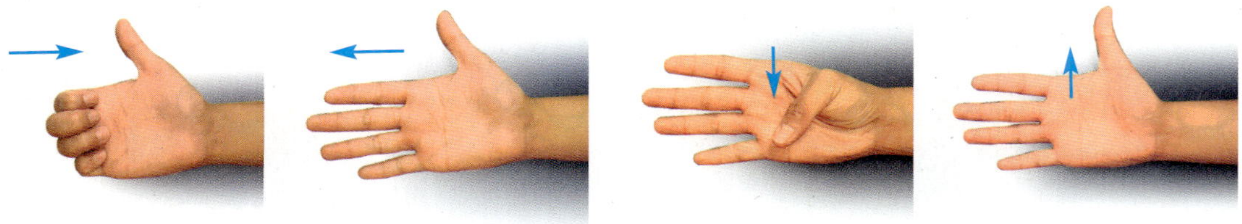

손가락굽힘 (Flexion) | 손가락폄 (Extension) | 엄지굽힘 (Flexion) | 엄지폄 (Extension)

손목굽힘 (Flexion) | 손목폄 (Extension) | 팔꿈치굽힘 (Flexion) | 팔꿈치폄 (Extension)

그림 1-4 움직임 1

어깨굽힘
(Flexion)
어깨폄
(Extension)
어깨과다폄
(Hyperextension)
머리굽힘
(Flexion)
머리폄
(Extension)
무릎굽힘
(Flexion)
무릎폄
(Extension)
엉덩굽힘
(Flexion)
엉덩폄
(Extension)
몸통굽힘
(Flexion)
몸통폄
(Extension)
몸통오른가쪽굽힘
(Right lateral flexion)
몸통왼가쪽굽힘
(Left lateral flexion)

그림 1-4 움직임 1(계속)

움직임 2

- **모음**(Adduction): Z축에서 일어나는 이마면의 움직임이며, 해부학적 자세로 가까워진다.
- **벌림**(Abduction): Z축에서 일어나는 이마면의 움직임이며, 해부학적 자세에서 멀어진다.
  ▶예외: 엄지손가락의 모음과 폄은 X축에서 일어나는 시상면의 움직임이다.
  ▶예외: 발가락의 모음과 벌림은 Y축에서 일어나는 가로면의 움직임이다.
- **수평모음**(Horizontal adduction): Y축에서 일어나는 가로면의 움직임이며, 해부학적 중간선으로 가까워진다.
- **수평벌림**(Horizontal abduction): Y축에서 일어나는 가로면의 움직임이며, 해부학적 중간선에서 멀어진다.
- **안쪽돌림**(Internal rotation): Y축에서 일어나는 가로면의 움직임이며, 해부학적 중간선으로 가까워진다.
- **바깥돌림**(External rotation): Y축에서 일어나는 가로면의 움직임이며, 해부학적 중간선에서 멀어진다.
- **돌림**(Rotation): X축 시상면 혹은 Y축 가로면에서 일어나는 움직임이다.
- **휘돌림**(Circumduction): 원뿔모양으로 회전하는 움직임이며, 굽힘, 폄, 모음, 벌림의 연속 움직임이다.

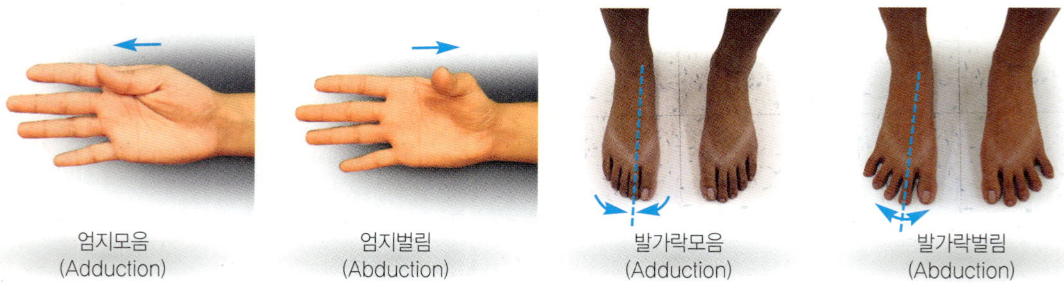

그림 1-5 움직임 2

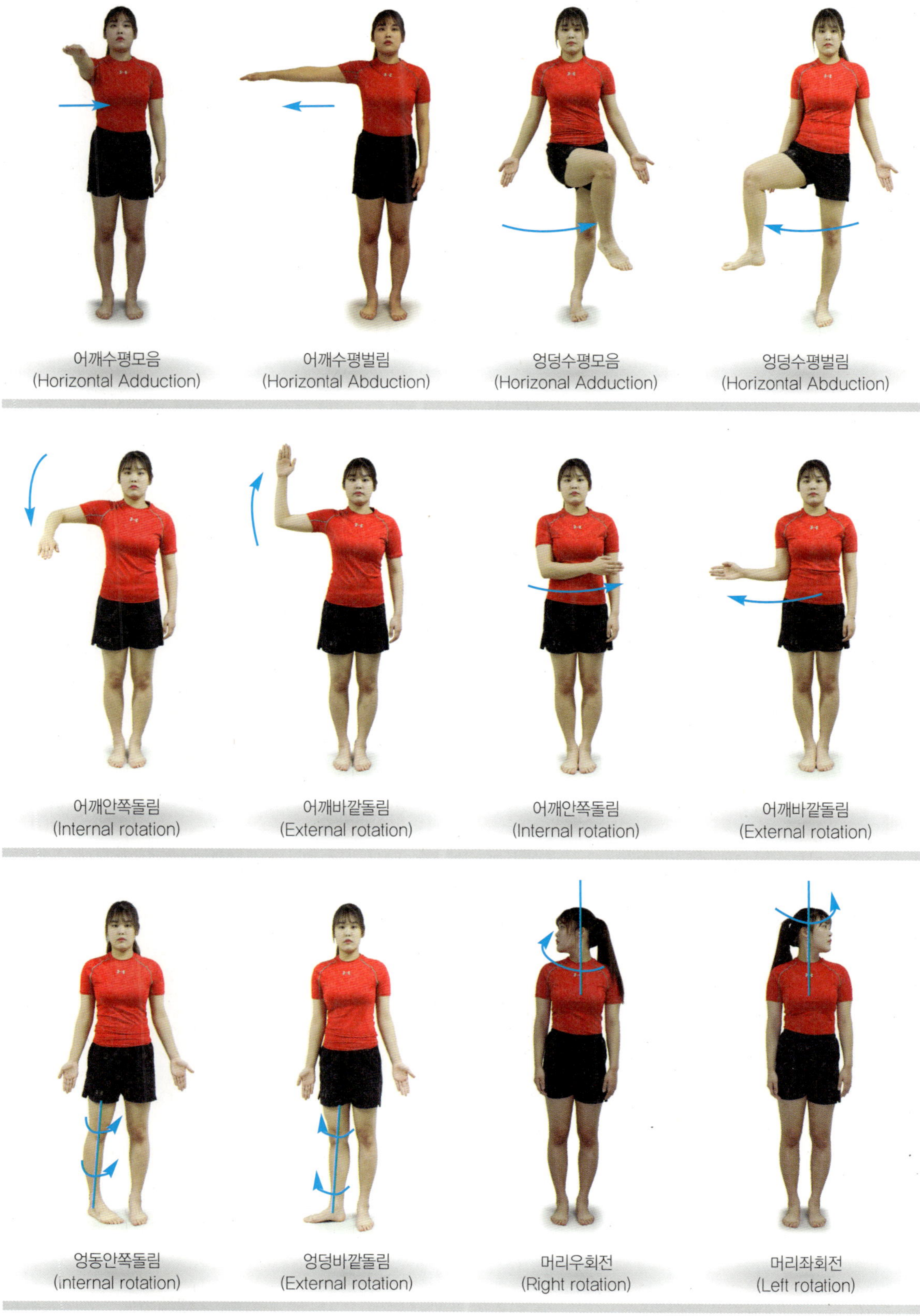
어깨수평모음
(Horizontal Adduction)
어깨수평벌림
(Horizontal Abduction)
엉덩수평모음
(Horizonal Adduction)
엉덩수평벌림
(Horizontal Abduction)
어깨안쪽돌림
(Internal rotation)
어깨바깥돌림
(External rotation)
어깨안쪽돌림
(Internal rotation)
어깨바깥돌림
(External rotation)
엉동안쪽돌림
(internal rotation)
엉덩바깥돌림
(External rotation)
머리우회전
(Right rotation)
머리좌회전
(Left rotation)

그림 1-5 움직임 2(계속)

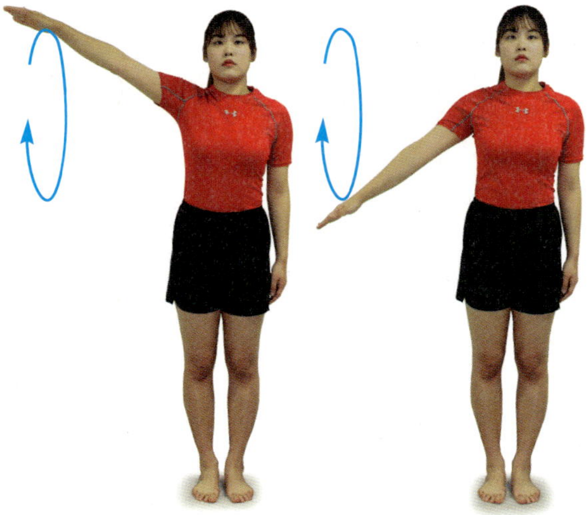

휘돌림
(Circumduction)

휘돌림
(Circumduction)

그림 1-5 움직임 2(계속)

움직임 3

- **발바닥쪽굽힘**(Plantar flexion): X축에서 일어나는 시상면의 움직임이며, 발바닥쪽으로 내린다.
- **발등굽힘**(Dorsiflexion): X축에서 일어나는 시상면의 움직임이며, 발등쪽으로 올린다.
- **안쪽번짐**(Inversion): Z축에서 일어나는 이마면의 움직임이며, 발안쪽으로 돌린다.
- **가쪽번짐**(Eversion): Z축에서 일어나는 이마면의 움직임이며, 발바깥쪽으로 돌린다.
- **발 뒤침**(Foot supination): 발바닥굽힘, 자리바꿈(안쪽번짐), 모음의 종합적인 움직임이다.
- **발 엎침**(Foot pronation): 발등굽힘, 뒤집힘(가쪽번짐), 벌림의 종합적인 움직임이다.
- **아래팔 뒤침**(Forearm supination): 손등에서 손바닥 방향으로 젖히는 움직임이다.
- **아래팔 엎침**(Forearm pronation): 손바닥에서 손등 방향으로 덮는 움직임이다.

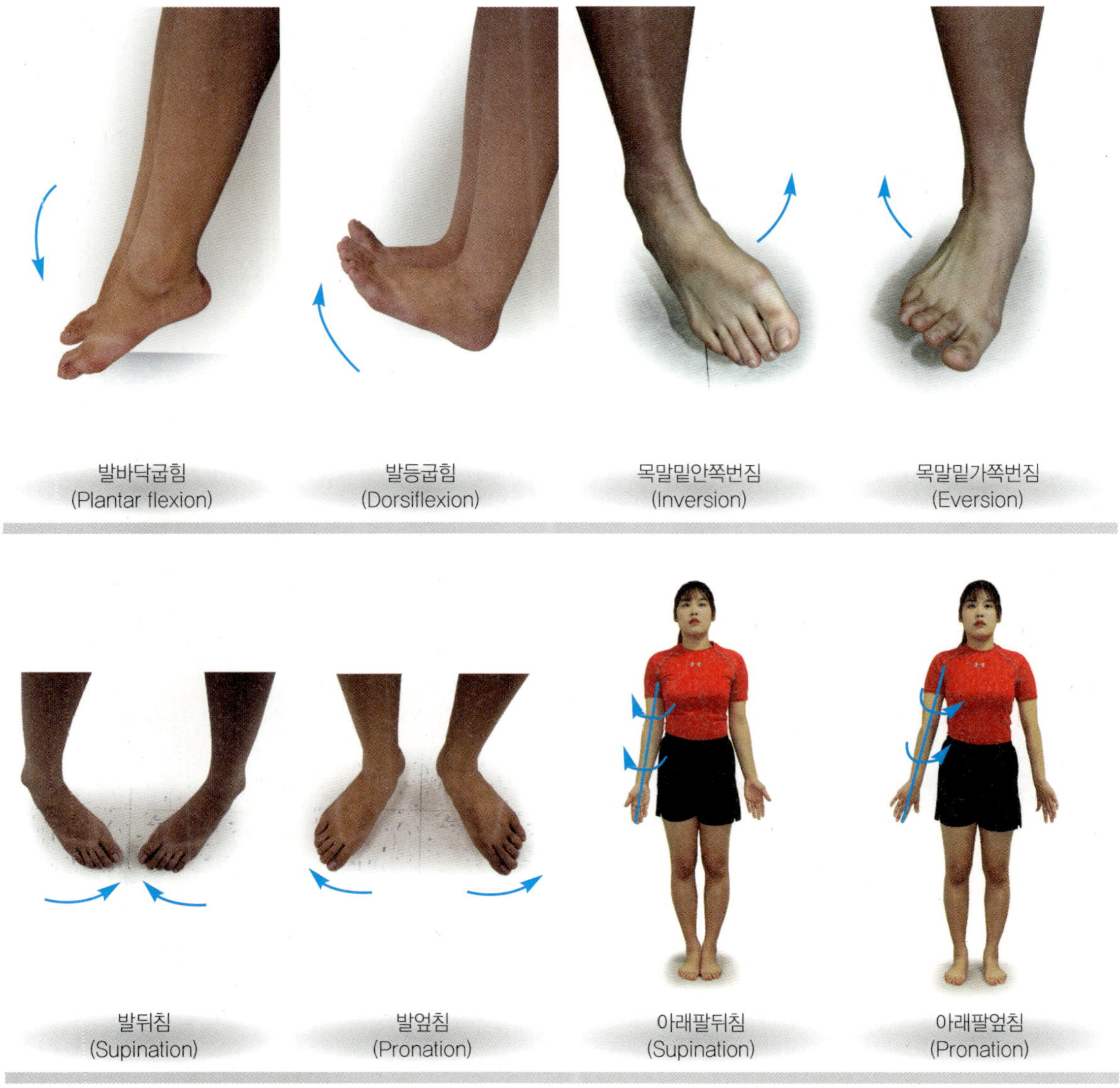

그림 1-6 움직임 3

움직임 4

- **내밈**(Protraction): 분절을 앞으로 내미는 움직임이다.
- **뒤당김**(Retraction): 분절을 뒤로 당기는 움직임이다.
- **올림**(Elevation): 어깨뼈를 위쪽으로 올리는 움직임이다.
- **내림**(Depression): 어깨뼈를 아래쪽으로 내리는 움직임이다.
- **상향회전**(Upward rotation): 어깨뼈의 위쪽 회전 움직임이다.
- **하향회전**(Downward rotation): 어깨뼈의 아래쪽 회전 움직임이다.

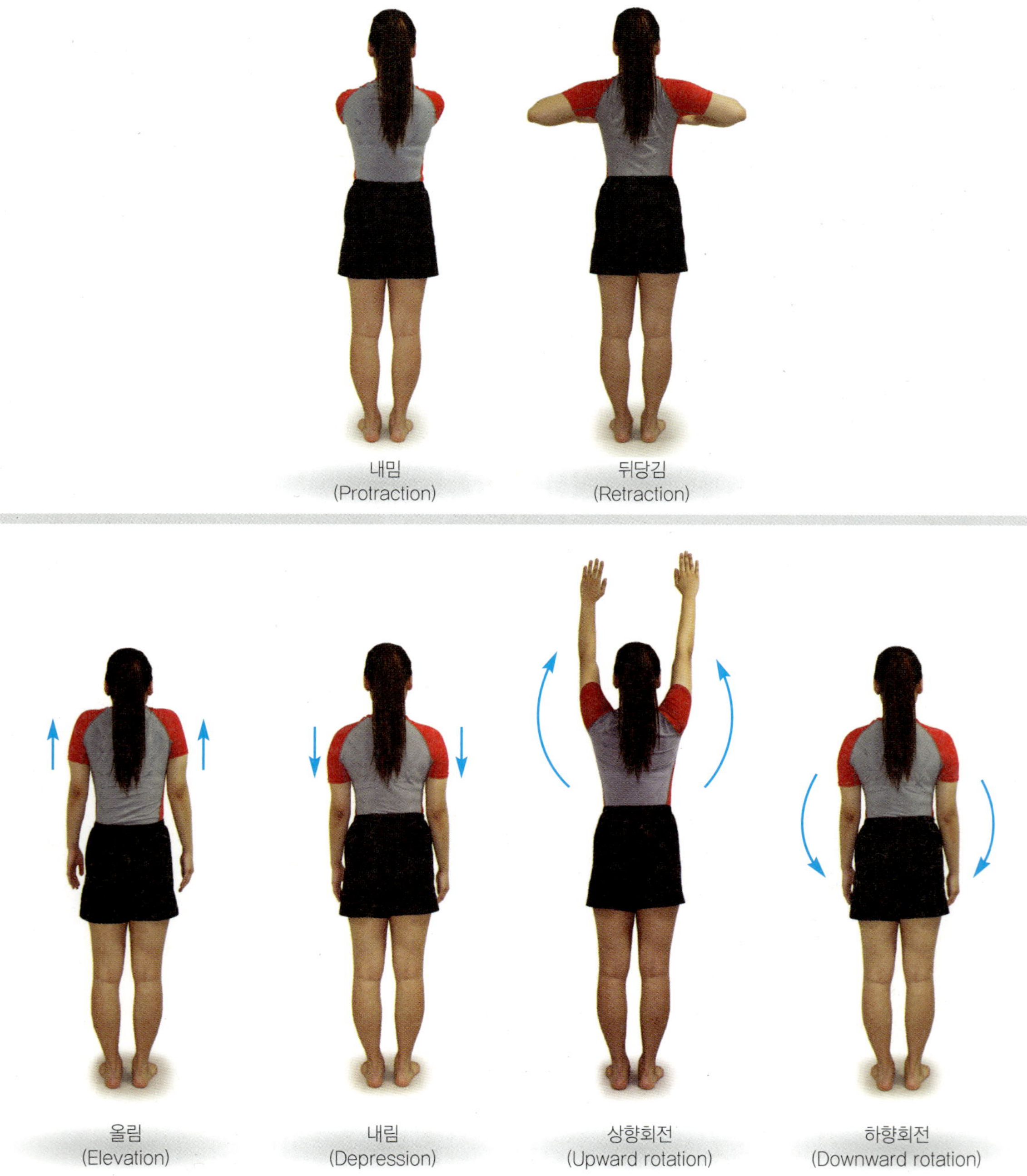

그림 1-7 움직임 4

움직임 5

- **노측편위**(Radial deviation): Z축에서 일어나는 이마면의 움직임으로 손목을 엄지손가락 방향으로 굽힘이며, 손목벌림(Wrist abduction)과 같다.
- **자측편위**(Ulnar deviation): Z축에서 일어나는 이마면의 움직임으로 손목을 새끼손가락 방향으로 굽힘이며, 손목모음(Wrist adduction)과 같다.
- **대립, 맞섬**(Opposition): 엄지손가락을 회전시켜 다른 손가락들과 맞닿게 하는 움직임이다.

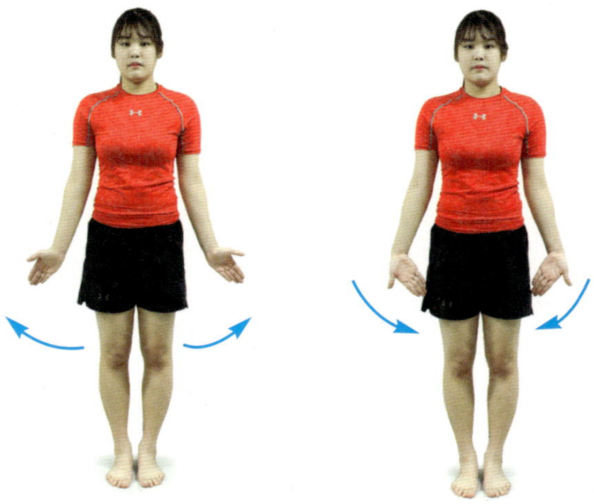

노측편위
(Radial deviation)

자측편위
(Ulna deviation)

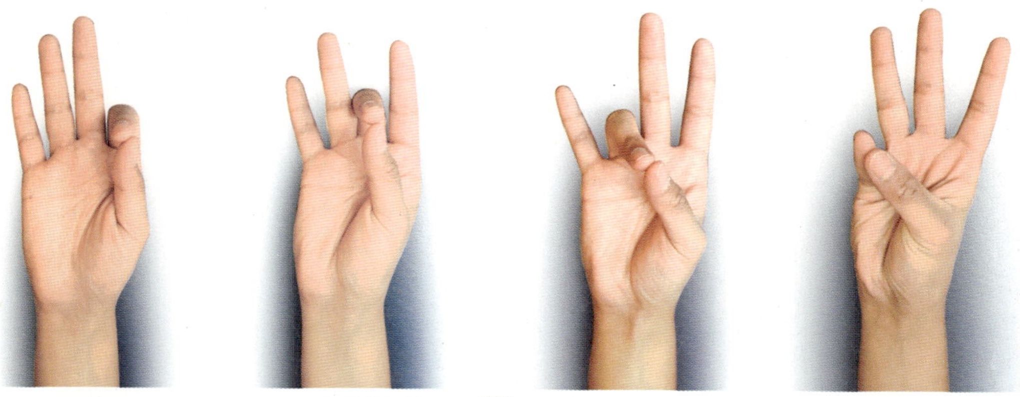

대립
(Opposition)

그림 1-8 움직임 5

실습활동 1-1 아래의 각 관절/뼈의 해당 축과 면에서 일어나는 모든 움직임들을 적어보자(해당축과 면에서 움직임이 일어나지 않으면 해당 칸에 X 표시를 하시오).

축	면	발가락	발목	무릎	엉덩이
X	시상				
Y	가로				
Z	이마				
축	**면**	**둘째손가락 (근위지간관절)**	**엄지손가락 (손허리손가락관절)**	**손목**	**팔꿈치**
X	시상				
Y	가로				
Z	이마				
축	**면**	**어깨**	**목 혹은 목뼈(경추)**	**몸통**	**어깨뼈**
X	시상				
Y	가로				
Z	이마				

참고문헌

1. Floyd, R. T. (2015). Manual of structural kinesiology (19th ed.). New York, NY: McGraw-Hill.
2. Mansfield, P. J., & Neumann, D. A. (2013). Essentials of kinesiology for the physical therapist assistant (2nd ed.). Philadelphia, PA: Elsevier.
3. Neumann, D. A. (2016). Kinesiology of musculoskeletal system: Foundations for rehabilitation (3rd ed.). Philadelphia, PA: Elsevier.

골격계

Skeletal System

CHAPTER 2

인체의 기본적인 구조를 이루는 골격은 출생 시 약 270개의 뼈를 가지며, 성장하면서 일부가 융합되어 성인의 골격계는 206개의 뼈로 구성된다. 뼈와 뼈의 결합은 관절을 이루며, 관절은 힘줄, 근육과 연골로 연결되고, 뼈와 뼈를 이어주는 인대가 관절의 안정성을 유지해준다. 골격은 몸통뼈대 (Axial skeleton)와 팔다리뼈대 두 가지로 구분된다. 80개의 뼈로 되어있는 몸통뼈대는 척주(Vertebral column), 갈비뼈우리(Rib cage)와 머리뼈로 구성되고, 126개로 되어있는 팔다리뼈대는 흉곽대(Pectoral girdles), 상지(Upper limb), 골반(Pelvis)과 하지(Lower limb)로 구성되어 있다.

뼈의 기능

- 지지(Support): 인체 구조 형태를 지지한다.
- 움직임(Movement): 신경계, 근육계와 함께 보행 및 다양한 움직임을 가능하게 한다.
- 보호(Protection): 외부 자극으로부터의 장기를 보호한다.
- 저장(Storage): 칼슘과 인 등 무기질을 저장한다.
- 혈구혈성(Blood cell production): 뼈의 해면질(Sponge substance)에 있는 적색골수(Red marrow)에서 조혈작용(Hemopoiesis)을 한다.

뼈의 형태

- 긴뼈(Long bone): 넙다리뼈(Femur), 정강뼈(Tibia), 종아리뼈(Fibula), 위팔뼈(Humerus), 노뼈(Radius), 자뼈(Ulna)
- 짧은뼈(Short bone): 손목뼈(Carpal bones), 발목뼈(Tarsal bones)
- 납작뼈(Flat bone): 어깨뼈(Scapula), 마루뼈(Parietal bone)
- 종자뼈(Sesamoid bone): 무릎뼈(Patella), 콩알뼈(Pisiform)
- 불규칙뼈(Irregular bone): 위 4가지의 형태에 속하지 않는 뼈, 척주(Spinal column), 머리뼈(Cranial bone)

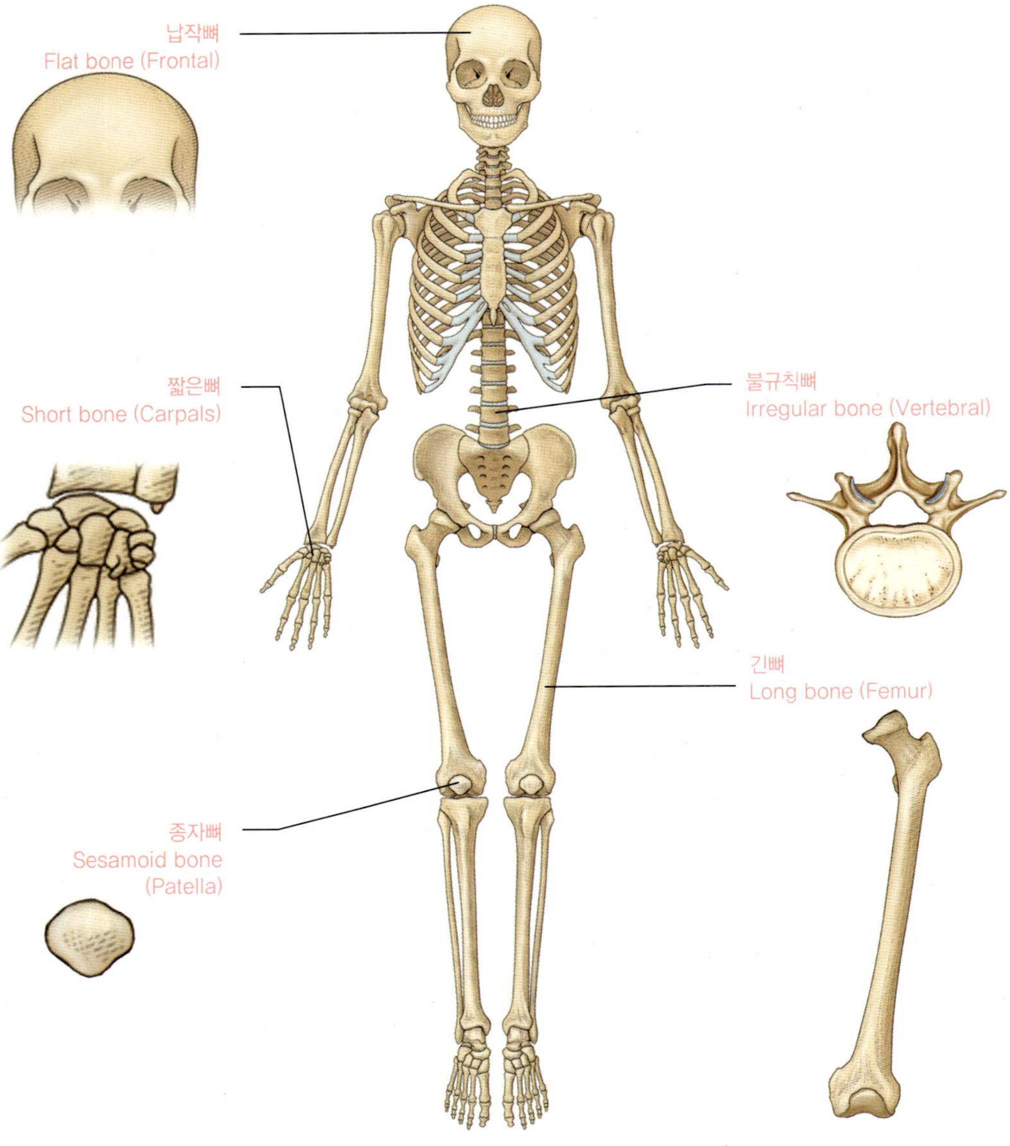

그림 2-1 뼈의 형태에 따른 구분

각 부위별 뼈의 명칭

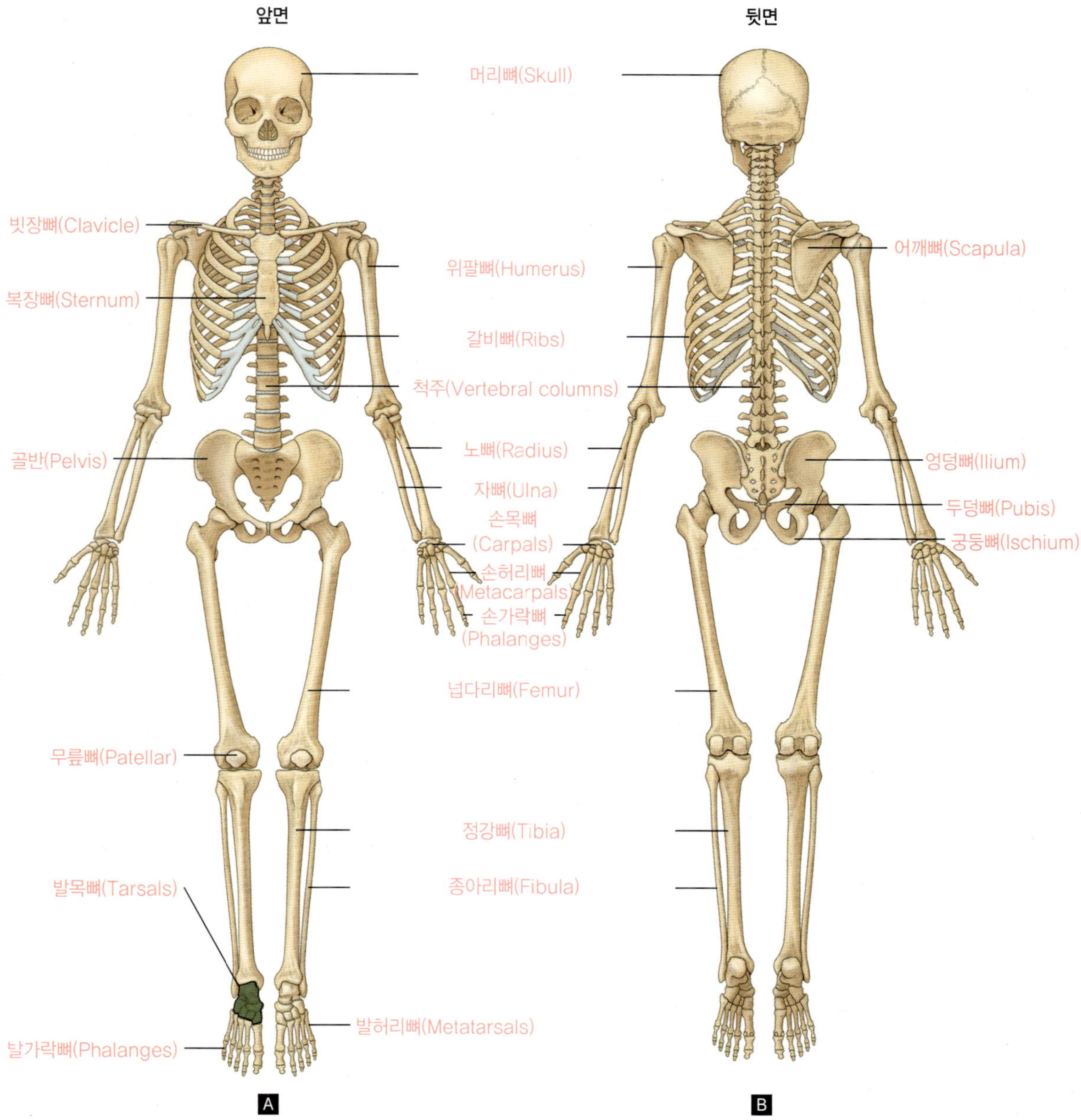

그림 2-2 골격계(A. 앞면, B. 뒷면)

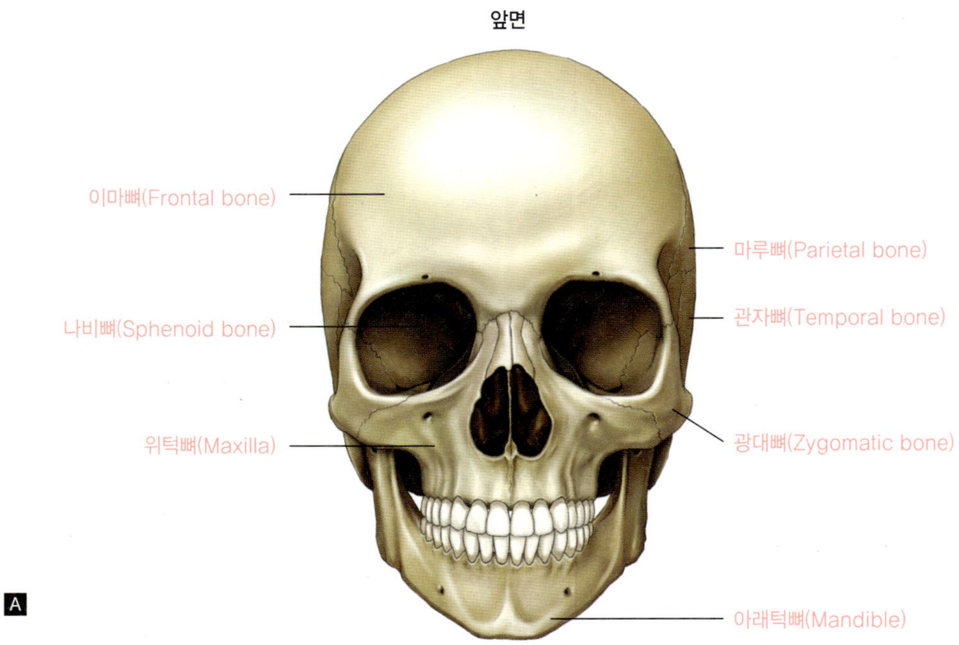

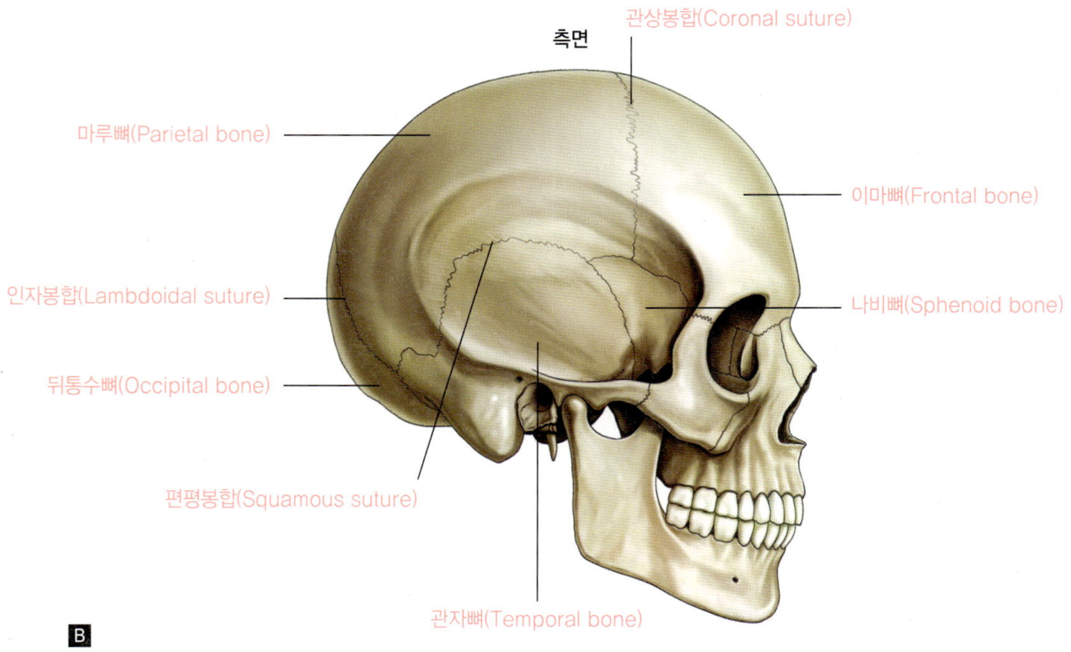

그림 2-3 머리(A. 앞면, B. 측면)

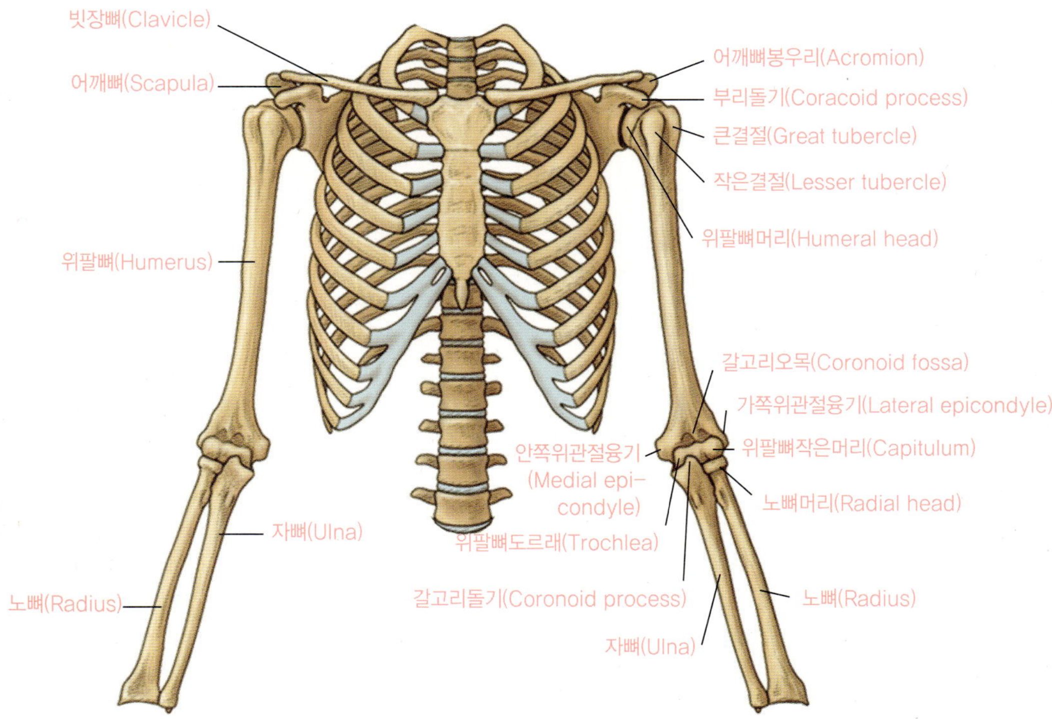

그림 2-4 상지와 어깨(앞면과 뒷면)

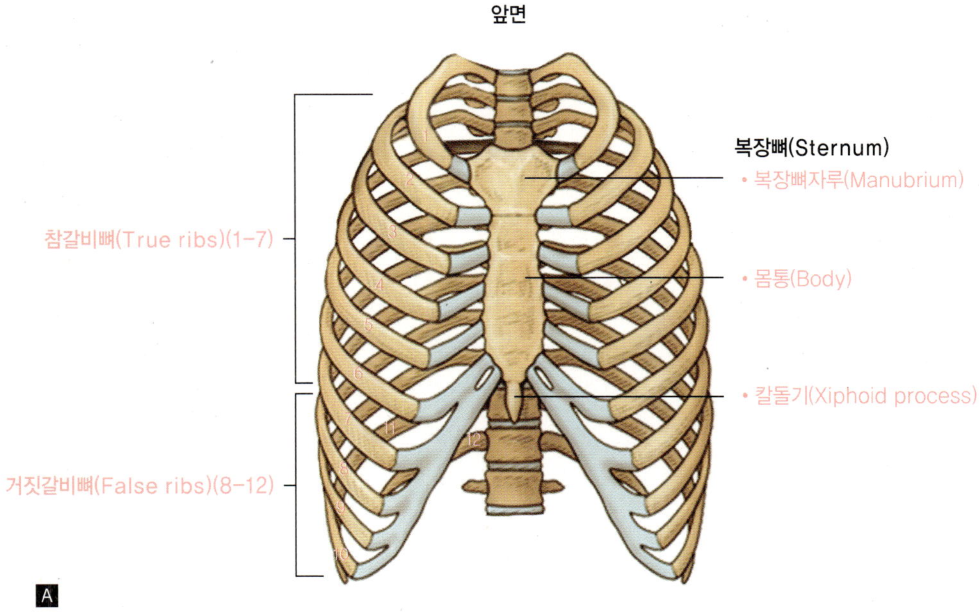

그림 2-5 몸통(A. 앞면, B. 뒷면)(계속)

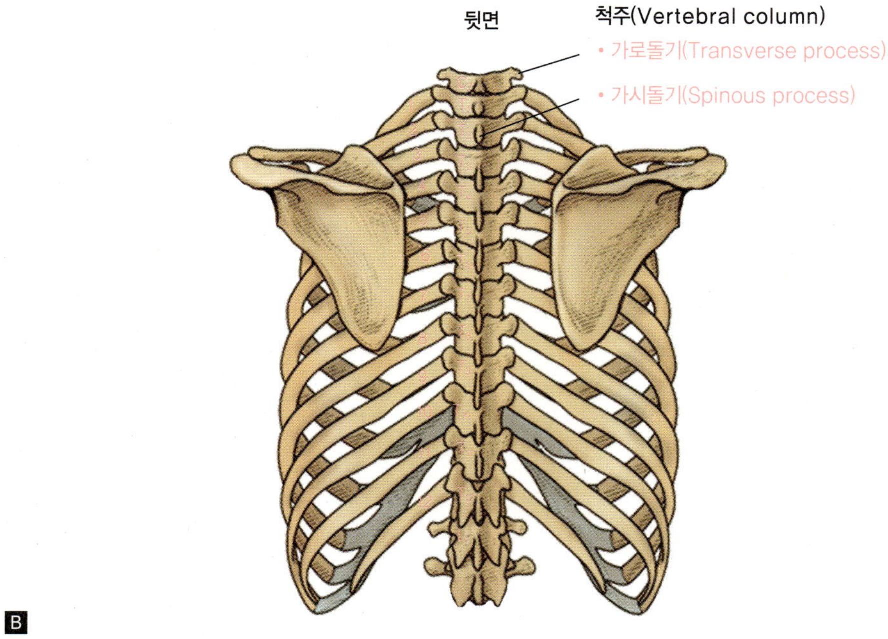

그림 2-5 몸통(A. 앞면, B. 뒷면)

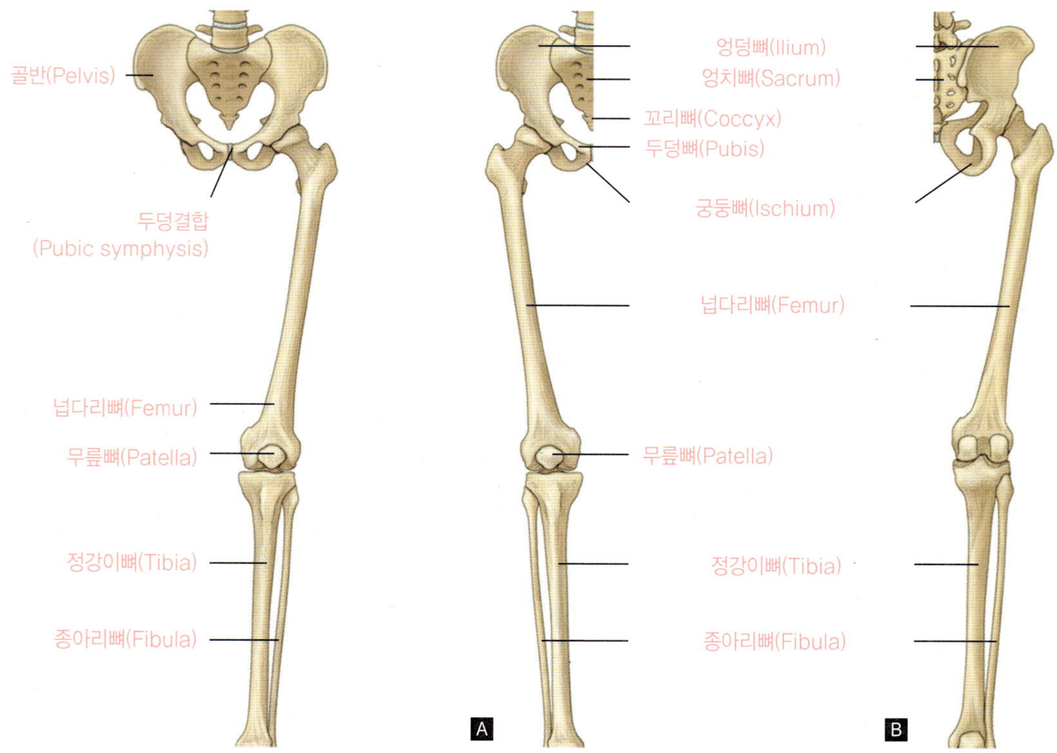

그림 2-6 골반과 하지(A. 앞면, B. 뒷면)

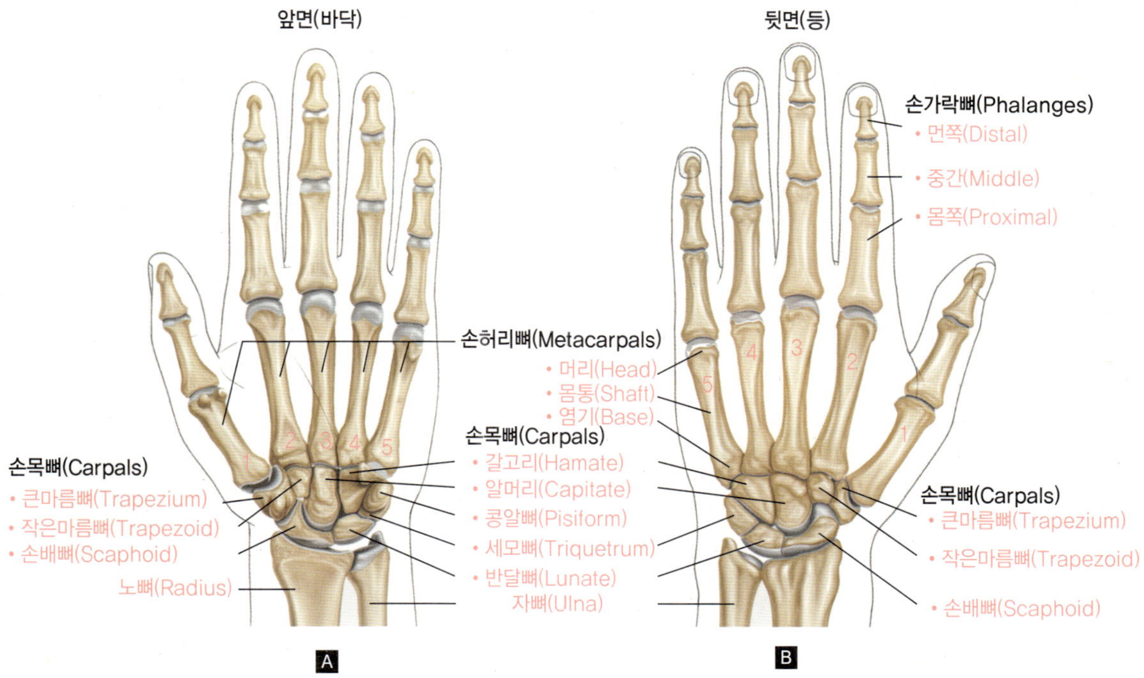

그림 2-7 손(A. 앞면, B. 뒷면)

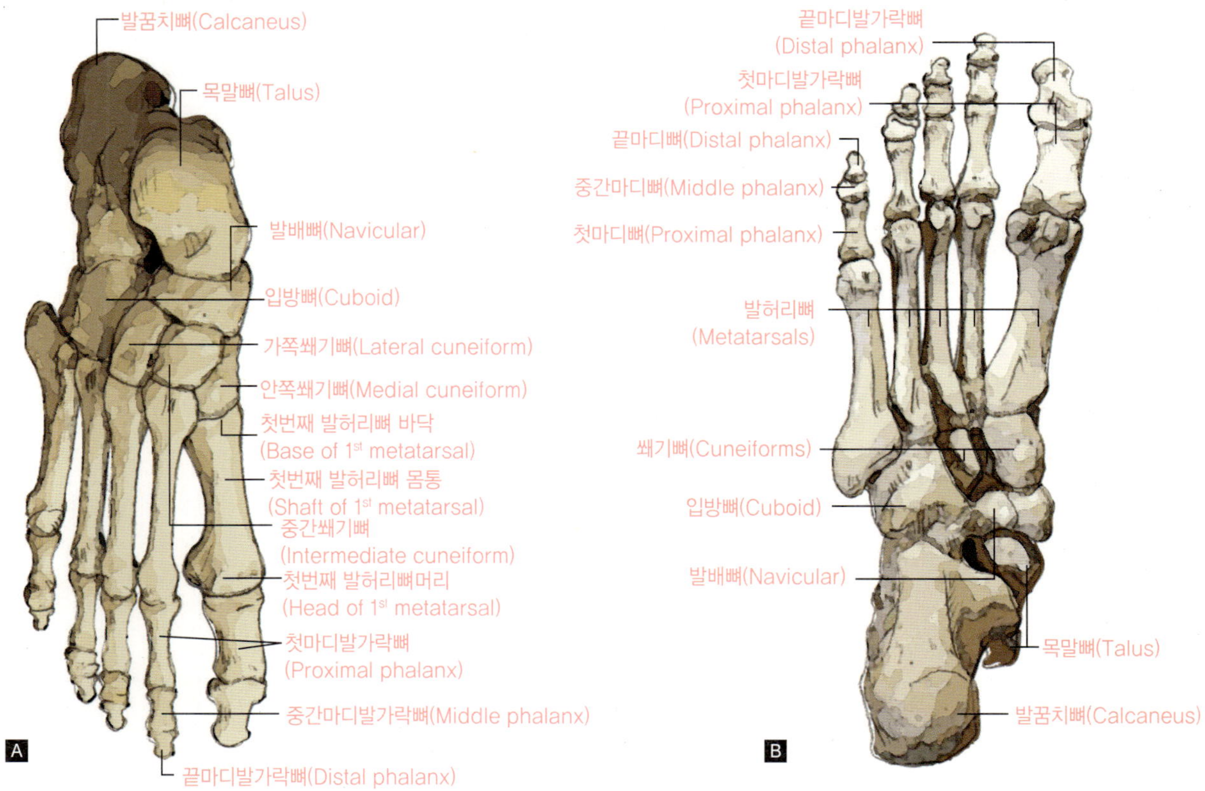

그림 2-8 발(A. 등쪽면, B. 바닥쪽면)

실습활동 2-1 골격계(페이지 15)에 셀로판을 덮고 그 위에 각 뼈의 명칭을 적어보자.

실습활동 2-2 머리(페이지 16)에 셀로판을 덮고 그 위에 각 뼈의 명칭을 적어보자.

실습활동 2-3 상지와 어깨(페이지 17)에 셀로판을 덮고 그 위에 각 뼈의 명칭을 적어보자.

실습활동 2-4 몸통(페이지 17-18)에 셀로판을 덮고 그 위에 각 뼈의 명칭을 적어보자.

실습활동 2-5 골반과 하지(페이지 18)에 셀로판을 덮고 그 위에 각 뼈의 명칭을 적어보자.

실습활동 2-6 손(페이지 19)에 셀로판을 덮고 그 위에 각 뼈의 명칭을 적어보자.

실습활동 2-7 발(페이지 19)에 셀로판을 덮고 그 위에 각 뼈의 명칭을 적어보자.

참고문헌

1. Biel, A. (2014). Trail guide to the body (5th ed.). Boulder, CO: Books of Discovery
2. Marieb, E. N. (2014). Anatomy and physiology coloring workbook: A complete study guide (10th ed.): Birmingham, U.K., Pearson Limited.
3. Netter, F. H. (2014). Atlas of human anatomy (6th ed.). Philadelphia, PA: Elsevier.
4. Standring, S. (2016). Grey's anatomy: The anatomical basis of clinical practice (41st ed.). Philadelphia, PA: Elsevier.

CHAPTER 3

근육계

Muscular System

인체의 근육계는 대략적으로 640~850개 정도의 근육들도 구성되어 있으며, 움직임, 몸의 지지와 자세 유지, 열 발생 등의 기능을 한다. 이 중 200여 개의 근육은 스포츠과학 분야 전문가들이 체력훈련과 스포츠 손상 재활을 위해 관심을 두고 있는 근육들이다. 근육의 가장 기본 단위는 근섬유(Muscle fiber)이며 근육계는 체중의 40~50% 정도를 차지한다. 각 근육은 이는곳(기시부, Origin)와 닿는곳(정지부, Insertion)이 있으며 인체의 조직 중 유일하게 수의적인 수축이 가능하다. 신경의 자극에 의해 근육이 수축되면 이로 인해 뼈의 움직임이 일어나고 관절 운동을 가능하게 한다. 본 장에서는 하지(종아리, 넓적다리), 상지(위팔, 아래팔), 몸통, 골반/엉덩이 등의 기본 근육들을 다루며 제외된 각 부위 심부근육 및 세부근육들은 인체해부학에서 자세하게 다루어질 것이다.

근육 구분

근육은 기능, 위치, 형태적 특성에 따라 구분된다.

기능적 특성에 따른 구분

- 수의근(Voluntary muscle): 골격근(Skeletal muscle)과 같이 운동신경의 지배를 받아 자신의 의지대로 움직일 수 있는 근육이다.
- 불수의근(Involuntary muscle): 심장근(Cardiac muscle), 내장근(Visceral muscle)처럼 자율신경의 지배를 받아 자신의 의지대로 움직일 수 없는 근육이다.

위치적 특성에 따른 구분

- 골격근(Skeletal muscle)
- 심장근(Cardiac muscle)
- 내장근(Visceral muscle)

형태적 특성에 따른 구분

- 가로무늬근(Striated muscle): 골격근과 심장근
- 민무늬근(Smooth muscle): 내장근

근육 명칭 구분

골격근은 근의 위치, 기시부와 정지부, 기시부의 개수, 모양, 크기, 방향과 기능에 의해 해당 근육의 이름이 지어진다.

위치

- 앞정강근(Tibialis anterior), 뒤톱니근(Serratus posterior), 배가로근(Transverse abdominis)

기시부와 정지부

- 위팔노근(Brachioradialis), 목빗근(Sternocleidomastoid)

기수부의 개수

- 위팔두갈래근(Biceps brachii), 위팔세갈래근(Triceps brachii), 넙다리네갈래근(Quadriceps)

모양

- 삼각근(Deltoid), 앞톱니근(Serratus anterior)

크기

- 큰가슴근(Pectoralis major), 작은가슴근(Pectoralis minor), 큰볼기근(Gluteus maximus), 중간볼기근(Gluteus medius), 작은볼기근(Gluteus minimus), 긴종아리근(Peroneus longus), 짧은종아리근(Peroneus brevis)

방향

- 배곧은근(Rectus abdominis), 배바깥빗근(External abdominal oblique)

기능

- 굽힘근(Flexor), 폄근(Extensor), 모음근(Adductor), 벌림근(Abductor), 뒤침근(Supinator), 엎침근(Pronator), 넙다리빗근(Sartorius)

근육: 하지(하지, 넓적다리), 상지(위팔, 아래팔), 몸통, 골반/엉덩이

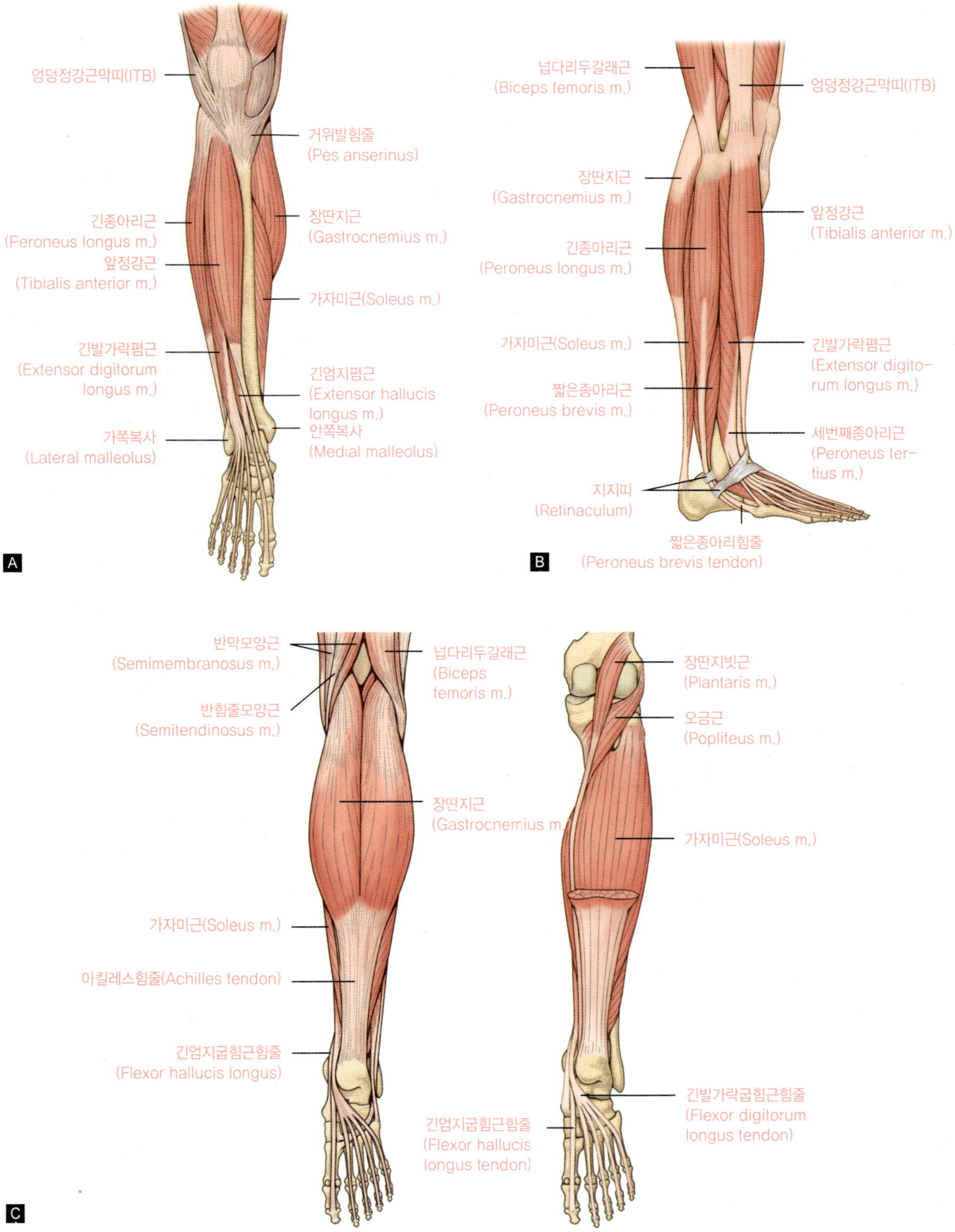

그림 3-1 하지(A. 앞쪽, B. 가쪽, C. 뒤쪽)

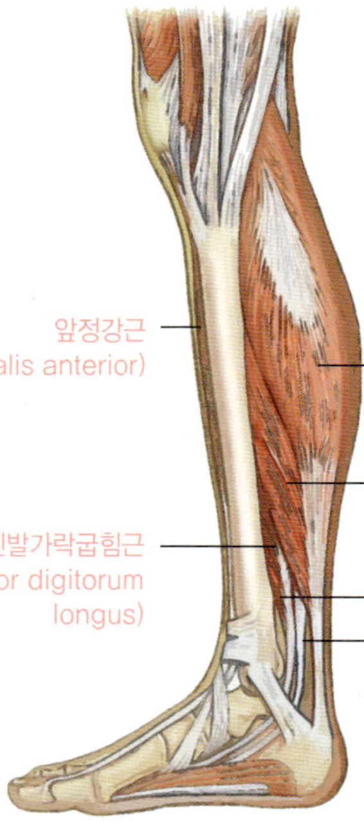

그림 3-2 하지 안쪽면

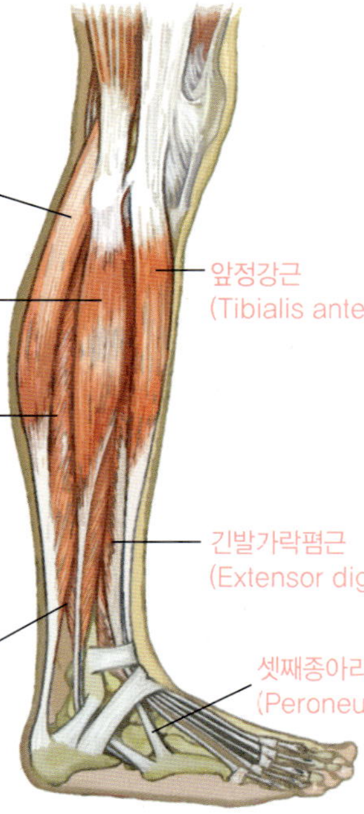

그림 3-3 하지 바깥쪽면

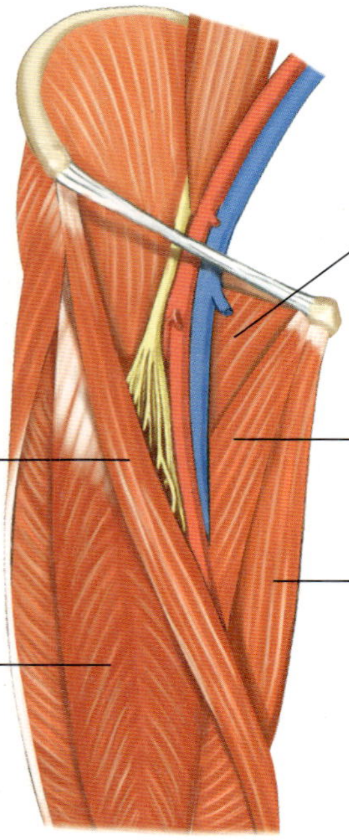

그림 3-4 넓적다리 앞면

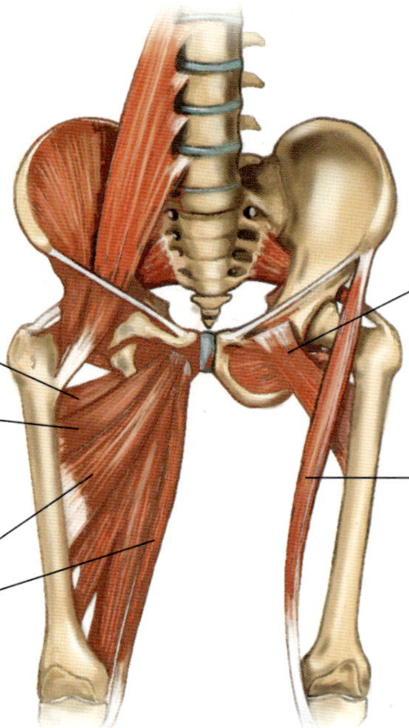

그림 3-5 넓적다리 앞면(심부층)

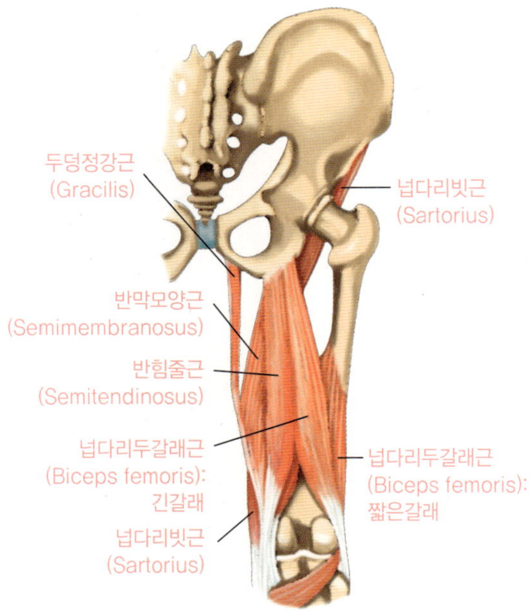

그림 3-6 넓적다리 뒷면(표층)

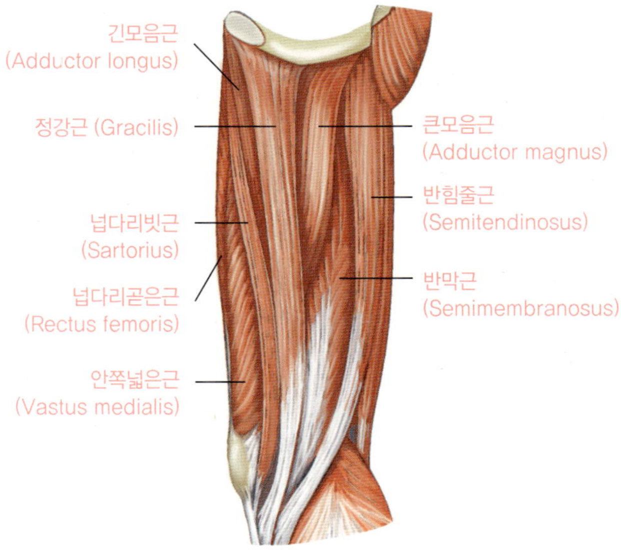

그림 3-7 넓적다리 안쪽면

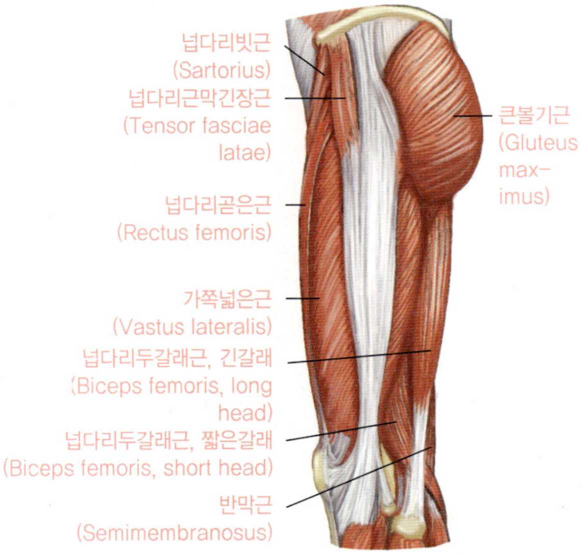

그림 3-8 넓적다리 옆면

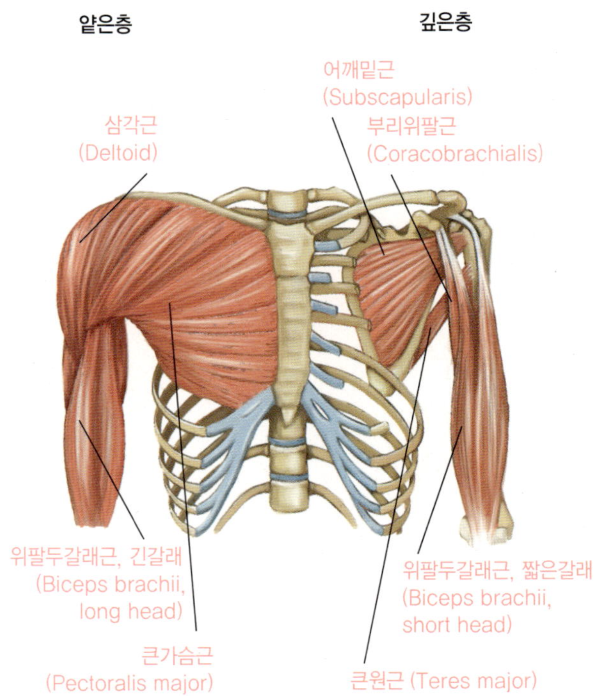

그림 3-9 위팔 앞면(표층/심부층)

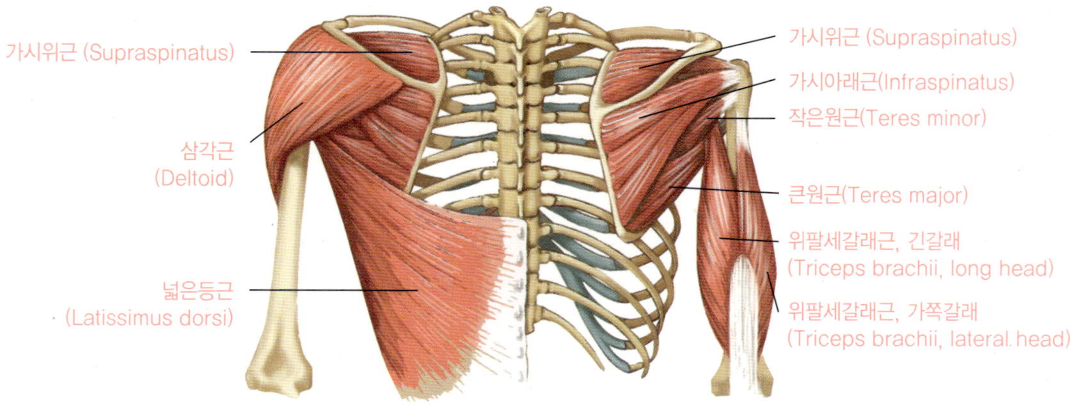

그림 3-10 위팔 뒷면(표층/심부층)

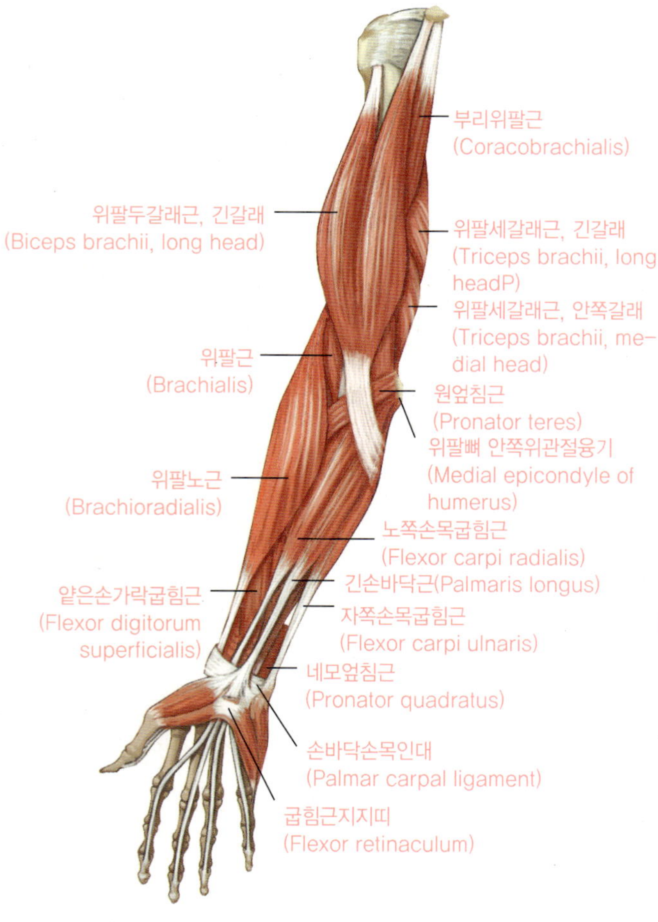

그림 3-11 아래팔 앞면

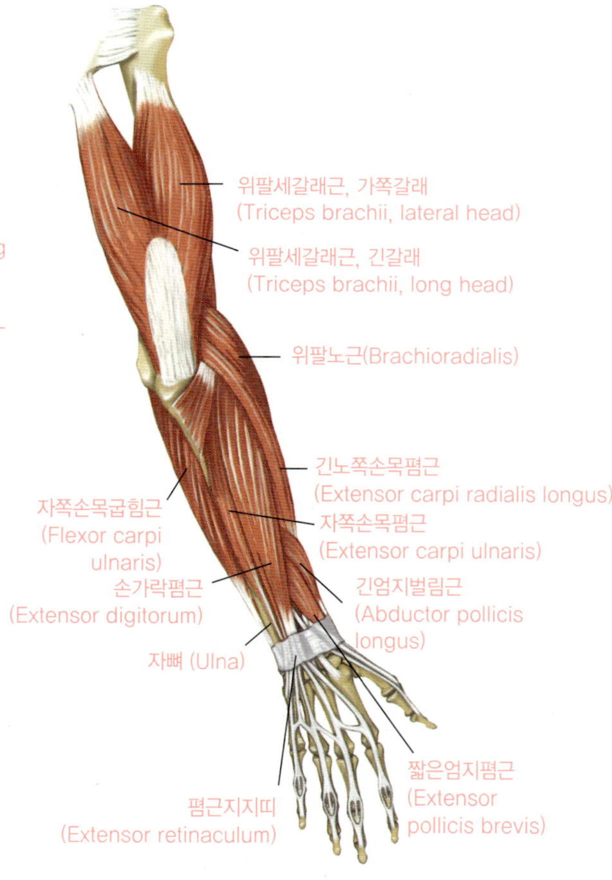

그림 3-12 아래팔 뒷면

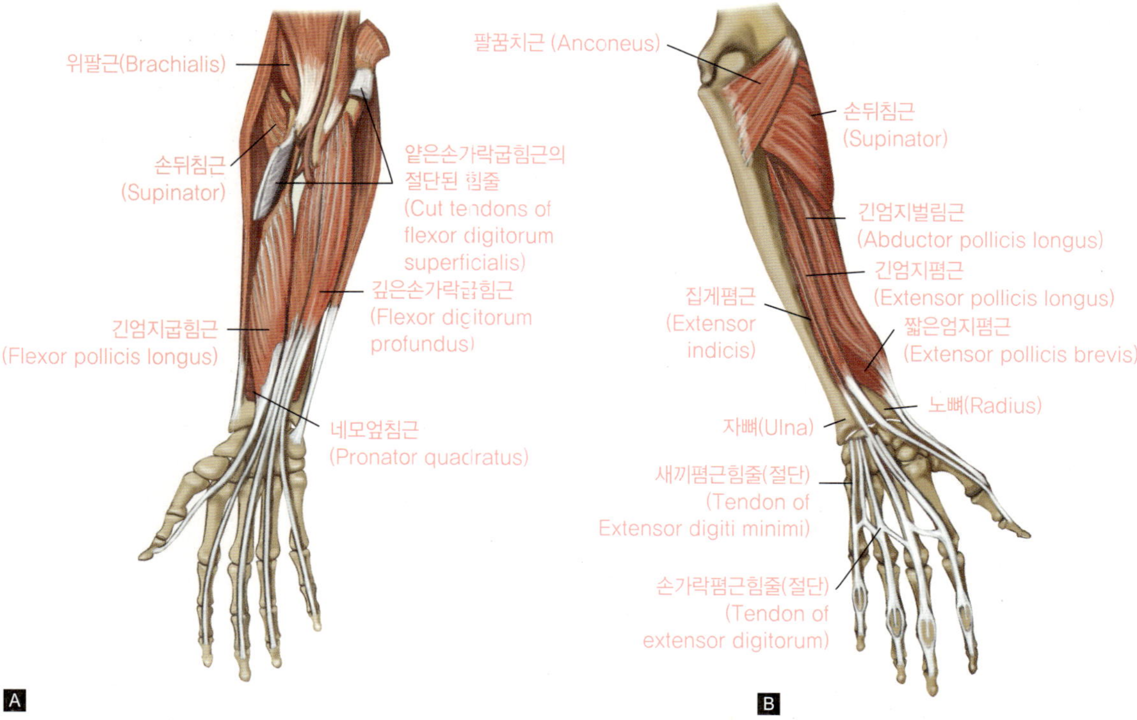

그림 3-13 아래팔 심부층(A. 앞면, B. 뒷면)

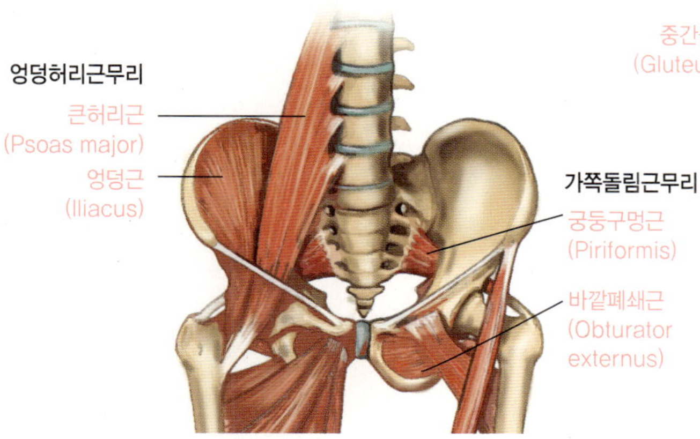

그림 3-14 골반

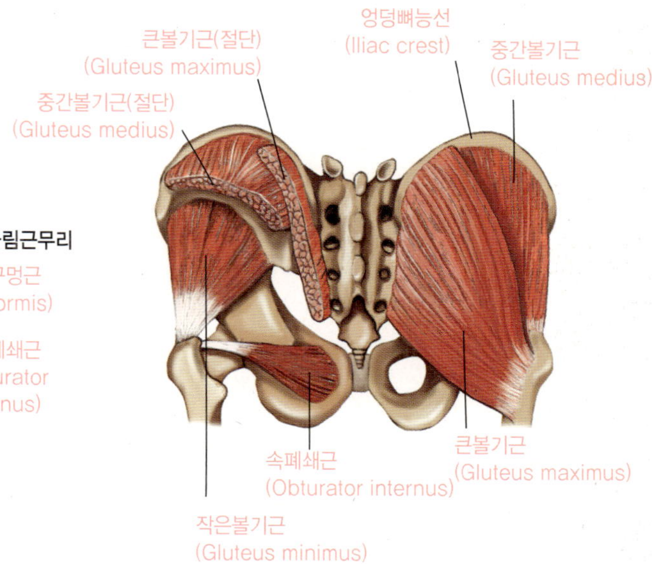

그림 3-15 엉덩이 뒷면

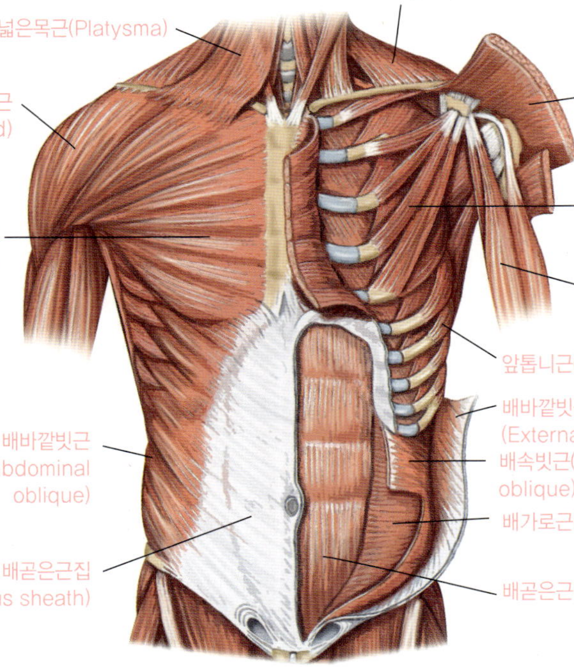

그림 3-16 몸통 앞면

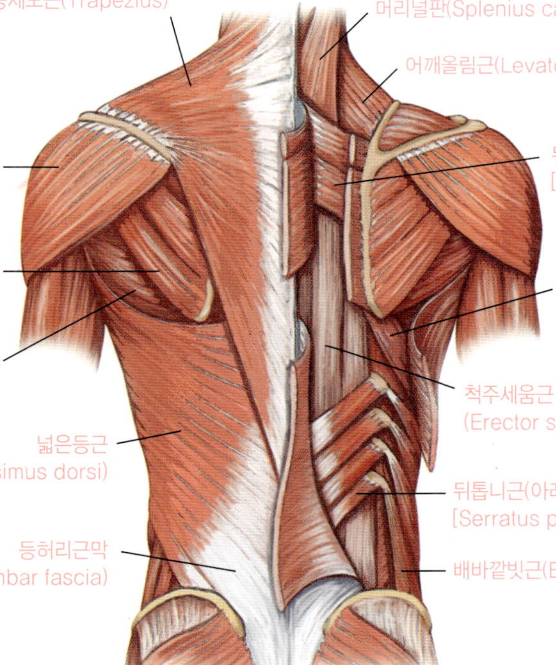

그림 3-17 몸통 뒷면(표층과 중간층)

실습활동 3-1 아래의 영문 근육명을 한글명으로 변경하시오.

Name of muscle	근육명
Tibialis anterior	
Peroneus longus	
Peroneus tertius	
Gastrocnemius	
Soleus	
Flexor digitorum longus	
Extensor hallucis longus	
Plantaris	
Sartorius	
Rectus femoris	
Vastus medialis	
Vastus lateralis	
Popliteus	
Pectineus	
Adductor magus	
Sartorius	
Gracilis	
Tensor fasciae latae	
Semimembranosus	
Semitendinosus	

실습활동 3-2 아래의 한글 근육명을 영문명으로 변경하시오.

근육명	Name of muscle
위팔두갈래근	
부리위팔근	
위팔노근	
짧은노쪽손목폄근	
원엎침근	
긴손바닥근	
깊은손가락굽힘근	
자쪽손목폄근	
손가락폄근	
위팔노근	
짧은엄지폄근	
앞톱니근	
배바깥빗근	
넓은등근	
큰마름근	
가장긴근	
큰허리근	
중간볼기근	
궁둥구멍근	
위쌍동이근	

실습활동 3-3 하지(하지, 넓적다리: 페이지 23~25)에 셀로판을 덮고 그 위에 각 근육의 명칭을 적어보자.

실습활동 3-4 상지(위팔, 아래팔: 페이지 25~27)에 셀로판을 덮고 그 위에 각 근육의 명칭을 적어보자.

실습활동 3-5 골반과 엉덩이(페이지 27)에 셀로판을 덮고 그 위에 각 근육의 명칭을 적어보자.

실습활동 3-6 몸통(페이지 28)에 셀로판을 덮고 그 위에 각 근육의 명칭을 적어보자.

참고문헌

1. Biel, A. (2014). Trail guide to the body (5th ed.). Boulder, CO: Books of Discovery
2. Marieb, E. N. (2014). Anatomy and physiology coloring workbook: A complete study guide (10th ed.): Birmingham, U.K., Pearson Limited.
3. Netter, F. H. (2014). Atlas of human anatomy (6th ed.). Philadelphia, PA: Elsevier.
4. Standring, S. (2016). Gray's anatomy: The anatomical basis of clinical practice (41st ed.). Philadelphia, PA: Elsevier.

CHAPTER 4

수기근력검사

Manual Muscle Strength Assessment

근력을 평가하기 위해서 다양한 장비나 기구를 이용하여 측정하기도 하고, 스포츠 손상 후 재활 수준을 평가하기 위해 검사자가 수기저항을 주며 좌우(건측 대 환측) 비교를 통해 근력을 평가하기도 한다. 이러한 수기근력검사를 Manual Muscle Testing (MMT)이라 부르며 단일 근육이나 같은 동작을 하는 근육군을 측정 평가하는데 이용된다. 피검자가 검사 부위에 통증이나 염증, 골절, 최근 수술병력, 골화염, 골암 등의 증상이 있는 경우에는 검사를 금한다.

최근에는 수기근력검사를 수치화하여 분석할 수 있는 다양한 장비들이 나와 있다.

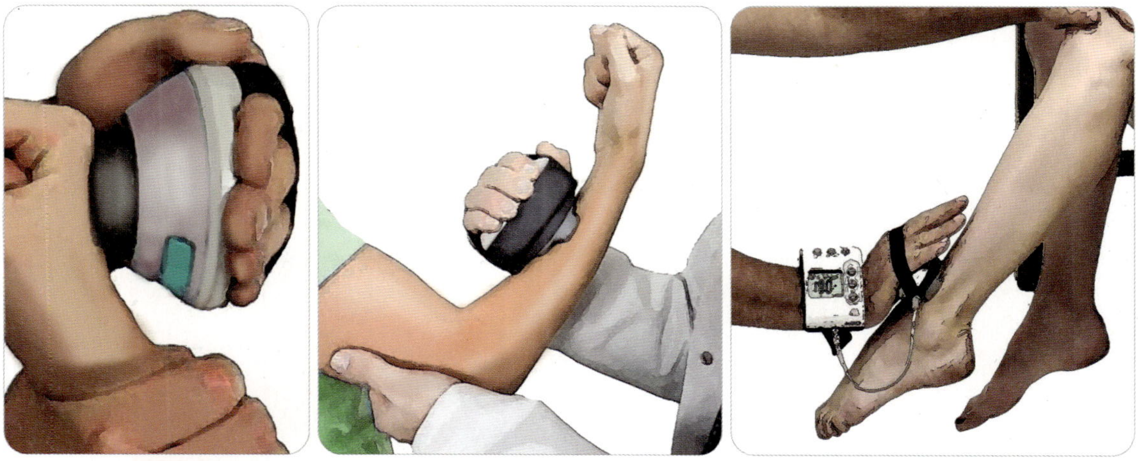

그림 4-1 다양한 수기근력검사 장비들

수기력근력검사에 영향을 주는 요소

- 근골격계 구조에 대한 기능해부학적, 인체역학적 지식을 갖춰야 한다.
- 측정자세와 측정부위의 인체면에 따른 밀거나 당기는 방향을 이해해야 한다.
- 고정(Stabilization)과 저항(Resistance)을 주는 신체 부위를 알아야 한다.

표 4-1 수기근력검사 등급

진단기준 \ 측정설명	Medical Research Council	Daniels/Worthingham	Kendall/McCreary
피검자는 검사자의 최대근력에 저항하며 측정동작 운동을 수행한다.	5	정상 (Normal)	100%
피검자는 검사자의 중간-강한 근력에 저항하며 측정동작 운동을 수행한다.	4+	좋음+ (Good+)	90%
피검자는 검사자의 중간 근력에 저항하며 측정동작 운동을 수행한다.	4	좋음 (Good)	80%
피검자는 검사자의 중간-약한 근력에 저항하며 측정동작 운동을 수행한다.	4-	좋음- (Good-)	70%
피검자는 검사자의 약한 근력에 저항하며 측정동작 운동을 수행한다.	3+	적정+ (Fair+)	60%
피검자는 중력에 저항해서 측정동작 운동을 수행한다.	3	적정 (Fair)	50%
피검자는 중력에 저항하며 관절의 가동범위 중간이상 정도 측정동작 운동을 수행한다.	3-	적정- (Fair-)	40%
피검자는 중력에 저항하여 부분적인 움직임은 수행할수 있으며 중력이 제거된 상태에서 최대관절의 가동범위 운동을 수행한다.	2+	약함+ (Poor+)	30%
피검자는 중력이 제거된 상태에서는 최대관절의 가동범위 운동을 수행한다.	2	약함 (Poor)	20%
피검자는 중력이 제거된 상태에서 부분적인 관절의 가동범위 수행한다.	2-	약함- (Poor-)	10%
관절 움직임은 없으나 근육 수축은 촉진된다.	1	미약 (Trace)	5%
근육 수축이 촉진되지 않는다.	0	불능 (Zero)	0%

다음에 나오는 각관절의 수기근력검사를 해보자.
2~3명씩 조를 구성하여 각 조의 구성원은 돌아가며 피검자와 검사자의 역할을 해보자.

실습활동 4-1 발목관절(Ankle joint)의 발바닥굽힘/발등굽힘(Plantar flexion/Dorsiflexion)

<table>
<tr><td>동작</td><td colspan="3">발바닥굽힘(Plantar flexion)</td><td colspan="3">발등굽힘(Dorsiflexion)</td></tr>
<tr><td>피검자의 자세</td><td colspan="3">테이블 밖으로 무릎이 나오게 하고 무릎을 90°
정도 구부려 앉은 자세</td><td colspan="3">테이블 밖으로 무릎이 나오게 하고 무릎을 90°
정도 구부려 앉은 자세</td></tr>
<tr><td>검사자의 고정손</td><td colspan="3">앞 정강뼈 먼쪽</td><td colspan="3">앞 정강뼈 먼쪽</td></tr>
<tr><td>검사자의 저항손</td><td colspan="3">앞발의 발바닥</td><td colspan="3">앞발의 발등</td></tr>
<tr><td>측정근육
(*: 주동근)</td><td colspan="3">앞정강근*(Tibialis anterior)
긴발가락폄근(Extensor digitorum longus)
긴엄지폄근(Extensor hallucis longus)
셋째종아리근(Peroneus tertius)</td><td colspan="3">장딴지근*(Gastrocnemius)
가자미근*(Soleus)
뒤정강근(Tibialis posterior)
긴종아리근(Peroneus longus)
짧은종아리근(Peroneus brevis)
긴발가락굽힘근(Flexor digitorum longus)
긴엄지굽힘근(Flexor hallucis longus)</td></tr>
<tr><td></td><td colspan="6">수기근력검사 등급(MMT Grading)</td></tr>
<tr><td></td><td colspan="2">MRC</td><td colspan="2">D/W</td><td colspan="2">K/M</td></tr>
<tr><td></td><td>PF</td><td>DF</td><td>PF</td><td>DF</td><td>PF</td><td>DF</td></tr>
<tr><td>피검자 1</td><td></td><td></td><td></td><td></td><td></td><td></td></tr>
<tr><td>피검자 2</td><td></td><td></td><td></td><td></td><td></td><td></td></tr>
<tr><td>비고</td><td colspan="2"></td><td colspan="2"></td><td colspan="2"></td></tr>
</table>

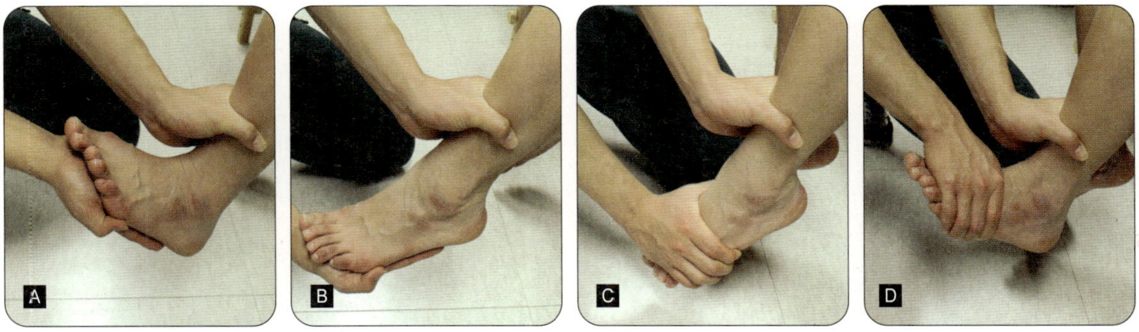

그림 4-2 A. 발바닥굽힘 시작, B. 발바닥굽힘 끝, C. 발등굽힘 시작, D. 발등굽힘 끝

실습활동 4-2 목말밑관절(Subtalar joint) 안쪽번짐/가쪽번짐(Inversion/Eversion)

동작	목말밑관절 안쪽번짐(Inversion)			목발밑관절 가쪽번짐(Eversion)		
피검자의 자세	테이블 밖으로 무릎이 나오게 하고 무릎을 90° 정도 구부려 앉은 자세			테이블 밖으로 무릎이 나오게 하고 무릎을 90° 정도 구부려 앉은 자세		
검사자의 고정손	앞 정강뼈 먼쪽			앞 정강뼈 먼쪽		
검사자의 저항손	앞발의 안쪽/발바닥			앞발의 가쪽/발바닥		
측정근육 (*: 주동근)	앞정강근*(Tibialis anterior) 뒤정강근*(Tibialis posterior) 긴발가락굽힘근(Flexor digitorum longus) 긴엄지굽힘근(Flexor hallucis longus) 긴엄지폄근(Extensor hallucis longus)			긴종아리근*(Peroneus longus) 짧은종아리근*(Peroneus brevis) 셋째종아리근(Peroneus tertius) 긴발가락폄근(Extensor digitorum longus)		
	수기근력검사 등급(MMT Grading)					
	MRC		D/W		K/M	
	IN	EV	IN	EV	IN	EV
피검자 1						
피검자 2						
비고						

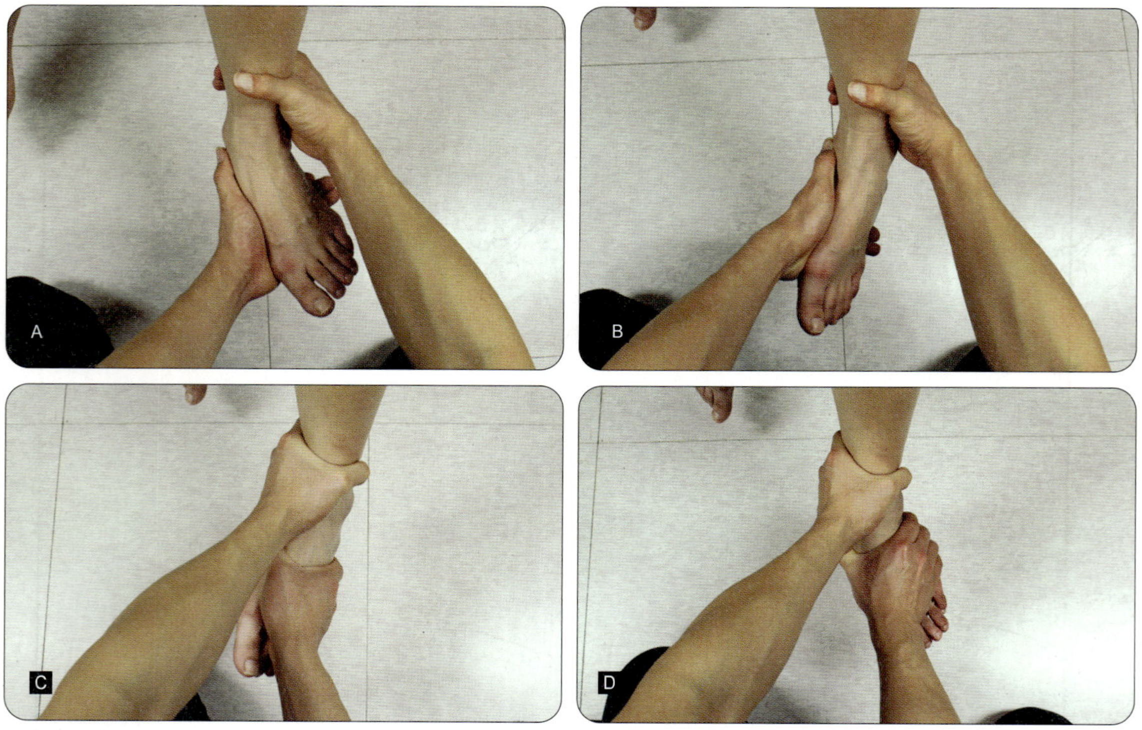

그림 4-3 A. 목말밑관절 안쪽번짐 시작, B. 목말밑관절 안쪽번짐 끝, C. 목말밑관절 가쪽번짐 시작, D. 목말밑관절 가쪽번짐 끝

실습활동 4-3 무릎관절(Knee joint) 굽힘/폄(Flexion/Extension)

동작	무릎관절 굽힘(Flexion)			무릎관절 폄(Extension)		
피검자의 자세	무릎을 편 상태에서 엎드린 자세			테이블 밖으로 무릎이 나오게 무릎을 90° 정도 구부려 앉은 자세		
검사자의 고정손	뒤 넙다리 먼쪽			앞 넙다리 먼쪽		
검사자의 저항손	뒤 정강뼈 먼쪽			앞 정강뼈 먼쪽		
측정근육 (*: 주동근)	넙다리두갈래근*(Biceps femoris) 반힘줄근*(Semitendinosus) 반막모양근*(Semimembranosus)			넙다리곧은근*(Rectus femoris) 중간넓은근*(Vastus intermedius) 안쪽넓은근*(Vastus medialis) 가쪽넓은근*(Vastus lateralis)		
	수기근력검사 등급(MMT Grading)					
	MRC		D/W		K/M	
	FLE	EXT	FLE	EXT	FLE	EXT
피검자 1						
피검자 2						
비고						

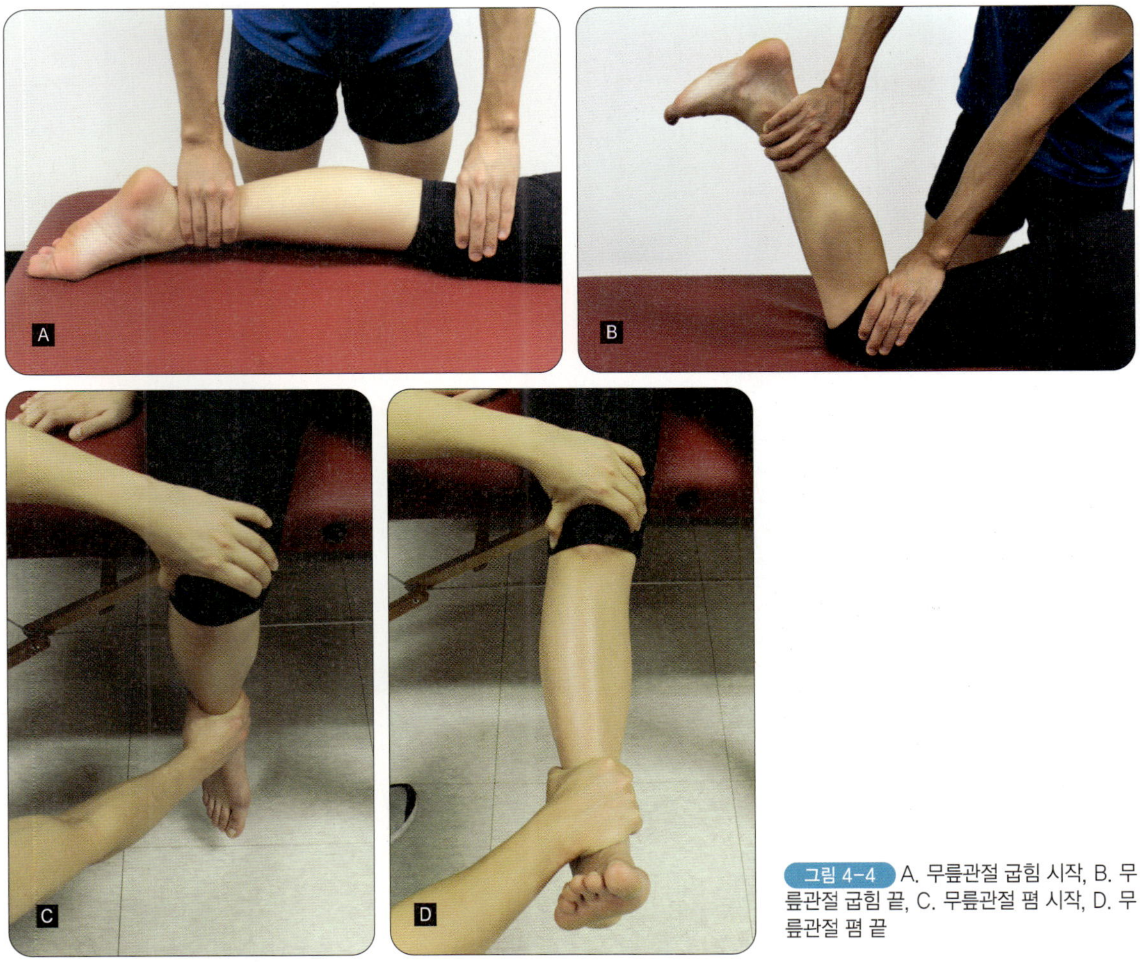

그림 4-4 A. 무릎관절 굽힘 시작, B. 무릎관절 굽힘 끝, C. 무릎관절 폄 시작, D. 무릎관절 폄 끝

실습활동 4-4 엉덩관절(Hip joint) 굽힘/폄(Flexion/Extension)

동작	엉덩관절 굽힘(Flexion)			엉덩관절 폄(Extension)		
피검자의 자세	테이블에 앉아서 양 팔은 옆으로 가볍게 둔 자세			무릎을 펴고 엎드린 자세		
검사자의 고정손	측정하지 않는 앞쪽 골반			측정하지 않는 뒤쪽 골반		
검사자의 저항손	앞 넙다리 먼쪽			뒤 넙다리 먼쪽		
측정근육 (*: 주동근)	큰허리근*(Posas major) 엉덩근*(Iliacus) 넙다리곧은근*(Rectus femoris) 넙다리빗근(Sartorius)			큰볼기근*(Gluteus maximus) 넙다리두갈래근*(Biceps femoris) 반힘줄근*(Semintendinosus) 반막모양근*(Semimembranosus)		
	수기근력검사 등급(MMT Grading)					
	MRC		D/W		K/M	
	FLE	EXT	FLE	EXT	FLE	EXT
피검자 1						
피검자 2						
비고						

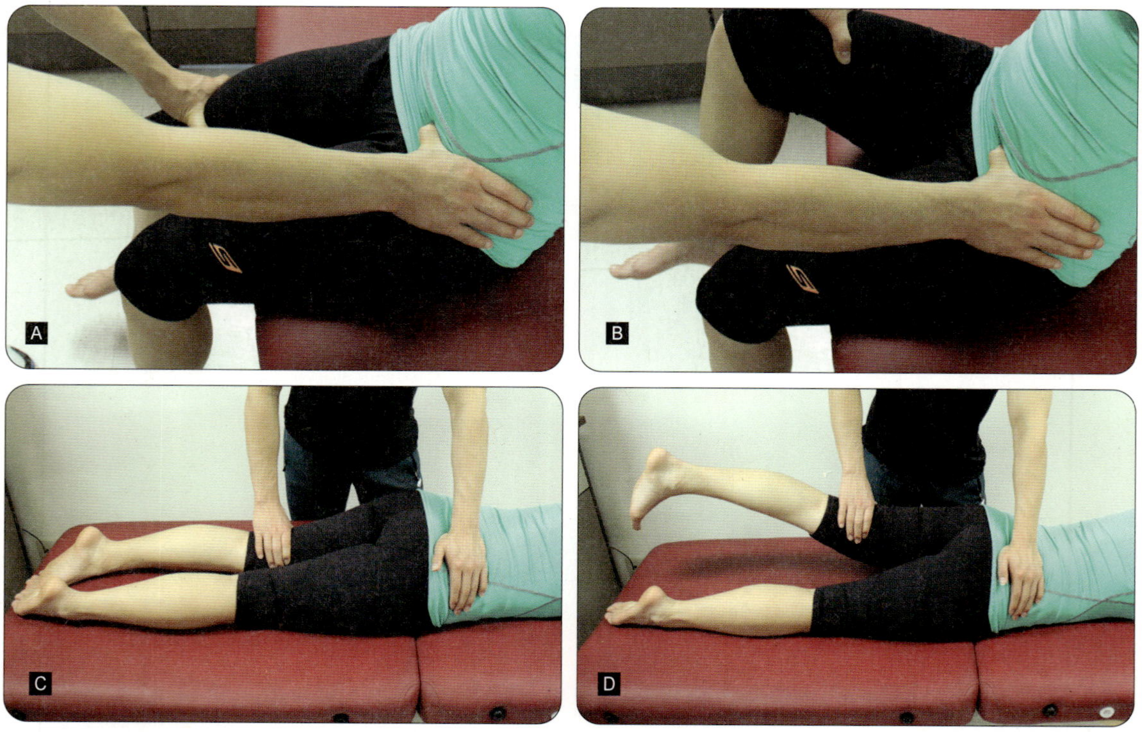

그림 4-5 A. 엉덩관절 굽힘 시작, B. 엉덩관절 굽힘 끝, C. 엉덩관절 폄 시작, D. 엉덩관절 폄 끝

실습활동 4-5 엉덩관절(Hip joint) 벌림/모음(Abduction/Adduction)

동작	엉덩관절 벌림(Abduction)			엉덩관절 모음(Adduction)		
피검자의 자세	무릎을 편 상태에서 측정다리를 위로 가도록 옆으로 누운 자세			무릎을 편 상태에서 측정다리를 아래로 가도록 옆으로 누운 자세		
검사자의 고정손	측정하는 가쪽 골반			측정하지 않는 가쪽 골반		
검사자의 저항손	측정하는 가쪽 넙다리 먼쪽			측정하는 안쪽 넙다리 먼쪽		
측정근육 (*: 주동근)	중간볼기근*(Gluteus medius) 작은볼기근(Gluteus minimus) 넙다리근막긴장근(Tensor fasciae latae) 넙다리빗근(Sartorius)			큰모음근*(Adductor magnus) 긴모음근*(Adductor longus) 짧은모음근*(Adductor brevis)		
	수기근력검사 등급(MMT Grading)					
	MRC		D/W		K/M	
	ABD	ADD	ABD	ADD	ABD	ADD
피검자 1						
피검자 2						
비고						

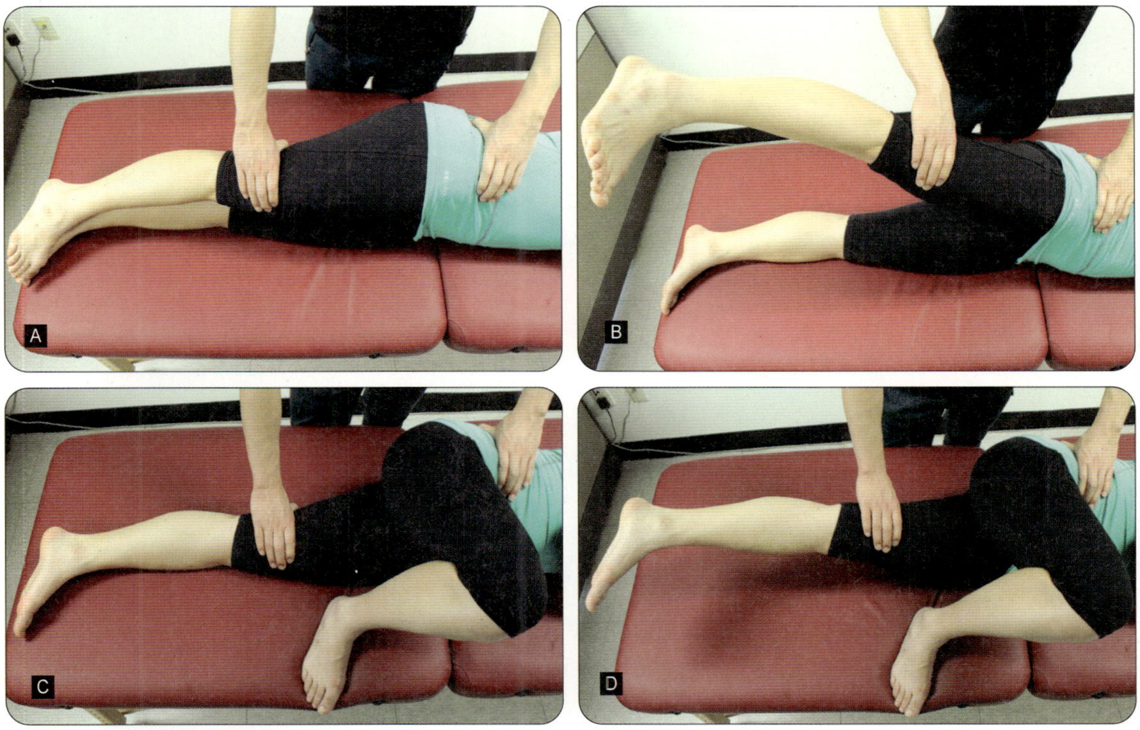

그림 4-6 A. 엉덩관절 벌림 시작, B. 엉덩관절 벌림 끝, C. 엉덩관절 모음 시작, D. 엉덩관절 모음 끝

실습활동 4-6 엉덩관절(Hip joint) 안쪽돌림/바깥돌림(Internal rotation/External rotation)

동작	엉덩관절 안쪽돌림(Internal rotation)			엉덩관절 바깥돌림(External rotation)		
피검자의 자세	테이블 밖으로 무릎이 나오게 하고 무릎을 90° 정도 구부려 앉은 자세			테이블 밖으로 무릎이 나오게 하고 무릎을 90° 정도 구부려 앉은 자세		
검사자의 고정손	안쪽 넙다리 먼쪽			가쪽 넙다리 먼쪽		
검사자의 저항손	가쪽 정강뼈 먼쪽			안쪽 정강뼈 먼쪽		
측정근육 (*: 주동근)	중간볼기근*(Gluteus medius) 작은볼기근*(Gluteus minimus) 넙다리근막긴장근*(Tensor fasciae latae) 반힘줄근(Semitendinosus) 반막모양근(Semimembranosus)			궁둥구멍근*(Piriformis) 위쌍둥이근*(Superior gemellus) 속폐쇄근*(Obturator internus) 아래쌍둥이근*(Inferior gemellus) 바깥폐쇄근*(Obturator externus) 넙다리네모근*(Quadratus femoris)		
	수기근력검사 등급(MMT Grading)					
	MRC		D/W		K/M	
	INT	EXT	INT	EXT	INT	EXT
피검자 1						
피검자 2						
비고						

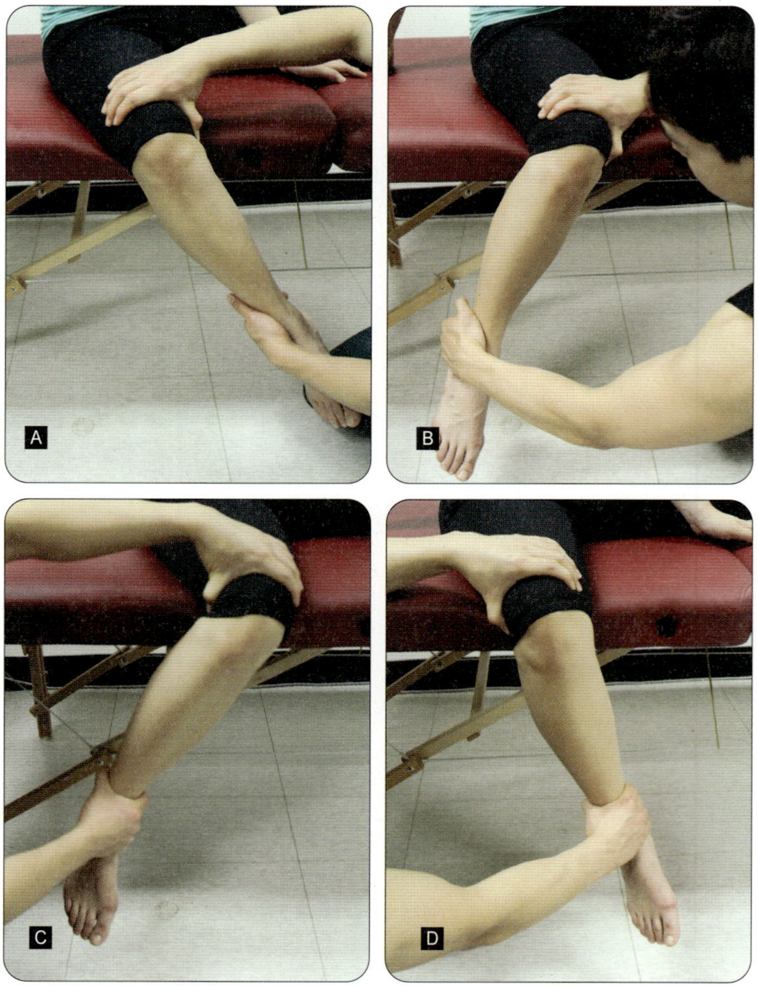

그림 4-7 A. 엉덩관절 안쪽돌림 시작, B. 엉덩관절 안쪽돌림 끝, C. 엉덩관절 바깥돌림 시작, D. 엉덩관절 바깥돌림 끝

실습활동 4-7 손목관절(Radiocarpal joint) 굽힘/폄(Flexion/Extension)

동작	손목관절 굽힘(Flexion)			손목관절 폄(Extension)		
피검자의 자세	손등을 위로 하고 손끝이 위로 향하도록 하여 테이블 밖으로 손목이 나오도록 앉은 자세			손등을 위로하고 손끝이 아래로 향하도록 하여 테이블 밖으로 손목이 나오도록 앉은 자세		
검사자의 고정손	아래팔 먼쪽			아래팔 먼쪽		
검사자의 저항손	손바닥			손등		
측정근육 (*: 주동근)	노쪽손목굽힘근*(Flexor carpi radialis) 자쪽손목굽힘근*(Flexor carpi ulnarlis) 긴손바닥근*(Palmaris longus) 얕은손가락굽힘근(Flexor digitorum superficialis) 깊은손가락굽힘근(Flexor digitorum profundus)			긴노쪽손목폄근*(Extensor carpi radialis longus) 짧은노쪽손목폄근*(Extensor carpi radialis brevis) 자쪽손목굽힘근*(Extensor carpi ulnaris) 손가락폄근*(Extensor digitorum)		
	수기근력검사 등급(MMT Grading)					
	MRC		D/W		K/M	
	FLE	EXT	FLE	EXT	FLE	EXT
피검자 1						
피검자 2						
비고						

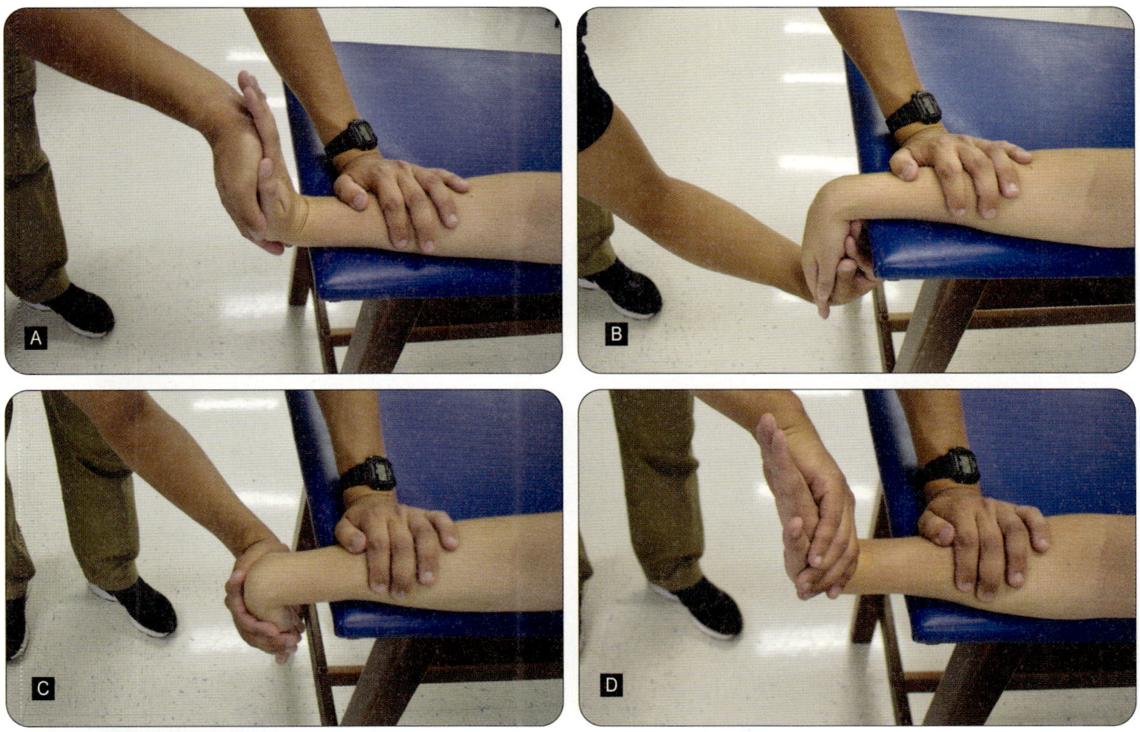

그림 4-8 A. 손목관절 굽힘 시작, B. 손목관절 굽힘 끝, C. 손목관절 폄 시작, D. 손목관절 폄 끝

실습활동 4-8 손목관절(Radiocarpal joint) 벌림/모음(Abduction/Adduction)

동작	손목관절 벌림(Abduction)			손목관절 모음(Adduction)		
피검자의 자세	손바닥을 아래로 하여 테이블 밖으로 손목이 나오게 하는 자세			손바닥을 아래로 하여 테이블 밖으로 손목이 나오게 하는 자세		
검사자의 고정손	아래팔 먼쪽			아래팔 먼쪽		
검사자의 저항손	새끼손가락 두번째 손허리뼈 안쪽			엄지 두번째 손허리뼈 가쪽		
측정근육 (*: 주동근)	노쪽손목폄근*(Flexor carpi radialis) 긴노쪽손목폄근*(Extensor carpi radialis longus) 짧은노쪽손목폄근*(Extensor carpi radialis brevis) 긴엄지벌림근(Abductor pollicis longus) 긴엄지폄근(Extensor pollicis longus) 짧은엄지폄근(Extensor pollicis brevis)			자쪽손목굽힘근*(Flexor carpi ulnaris) 자쪽손목폄근*(Extensor carpi ulnaris)		
	수기근력검사 등급(MMT Grading)					
	MRC		D/W		K/M	
	ABD	ADD	ABD	ADD	ABD	ADD
피검자 1						
피검자 2						
비고						

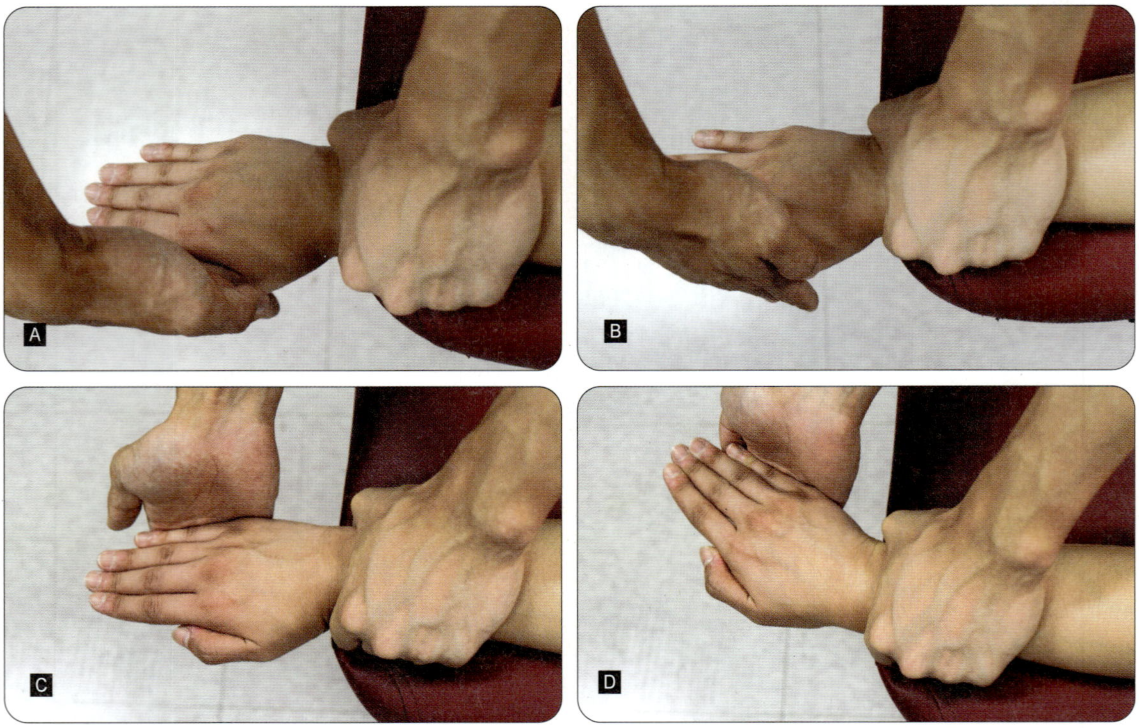

그림 4-9 A. 손목관절 벌림 시작, B. 손목관절 벌림 끝, C. 손목관절 모음 시작, D. 손목관절 모음 끝

실습활동 4-9 팔꿉관절(Elbow joint) 굽힘/폄(Flexion/Extension)

동작	팔꿉관절 굽힘(Flexion)			팔꿉관절 폄(Extension)		
피검자의 자세	팔꿈치를 편 상태에서 앉은 자세			팔꿈치를 완전히 구부린 상태에서 앉은 자세		
검사자의 고정손	앞 위팔			앞 위팔		
검사자의 저항손	앞 아래팔 먼쪽			뒤 아래팔 먼쪽		
측정근육 (*: 주동근)	위팔두갈래근*(Biceps brachii) 위팔근*(Brachialis) 위팔노근*(Brachioradialis) 원엎침근(Pronator teres) 긴노쪽손목폄근(Extensor carpi radialis longus) 노쪽손목굽힘근(Flexor carpi radialis) 자쪽손목굽힘근(Flexor carpi ulnarlis)			위팔세갈래근*(Triceps brachii) 팔꿈치근(Anconeus)		
	수기근력검사 등급(MMT Grading)					
	MRC		D/W		K/M	
	FLE	EXT	FLE	FLE	EXT	FLE
피검자 1						
피검자 2						
비고						

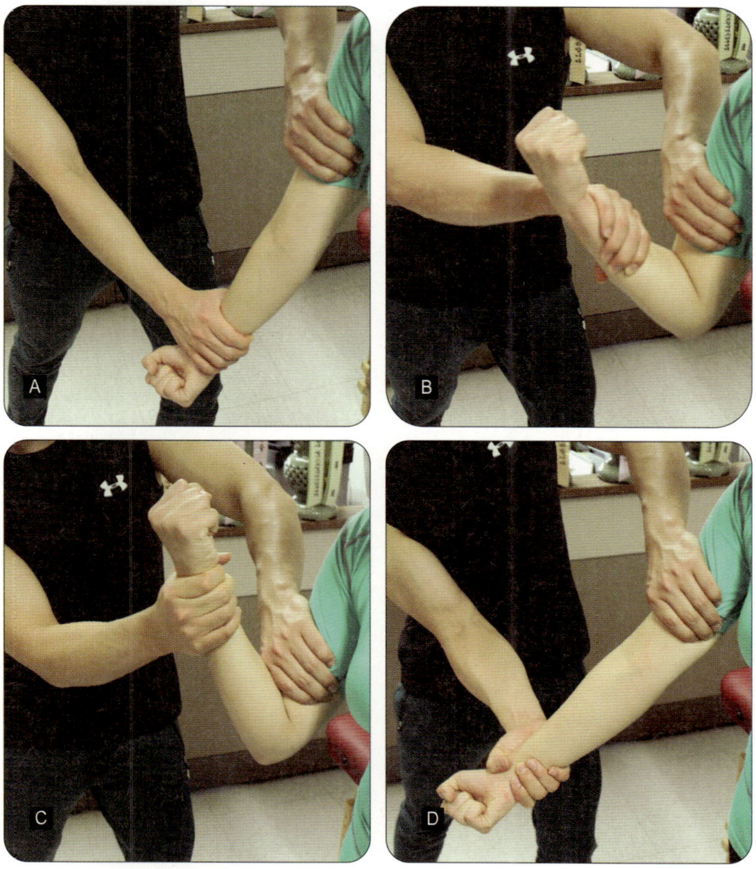

그림 4-10 A. 팔꿉관절 굽힘 시작, B. 팔꿉관절 굽힘 끝, C. 팔꿉관절 폄 시작, D. 팔꿉관절 폄 끝

실습활동 4-10 어깨관절(Shoulder joint) 굽힘/폄(Flexion/Extension)

동작	어깨관절 굽힘(Flexion)			어깨관절 폄(Extension)		
피검자의 자세	어깨관절을 180° 펴고 손바닥은 위로 향한 자세			어깨관절을 90° 굽힘하고 손바닥은 위로 향한 자세		
검사자의 고정손	빗장뼈 끝점과 어깨 위쪽			빗장뼈 끝점과 어깨 위쪽		
검사자의 저항손	앞 위팔 먼쪽			뒤 위팔 먼쪽		
측정근육 (*: 주동근)	앞삼각근*(Anterior deltoid) 부리위팔근*(Coracobrachialis) 큰가슴근*(Pectoralis major) 위팔두갈래근(Biceps brachii)			넓은등근*(Latissimus dorsi) 큰원근*(Teres major) 뒤세모근*(Posterior deltoid)		
	수기근력검사 등급(MMT Grading)					
	MRC		D/W		K/M	
	FLE	EXT	FLE	EXT	FLE	EXT
피검자 1						
피검자 2						
비고						

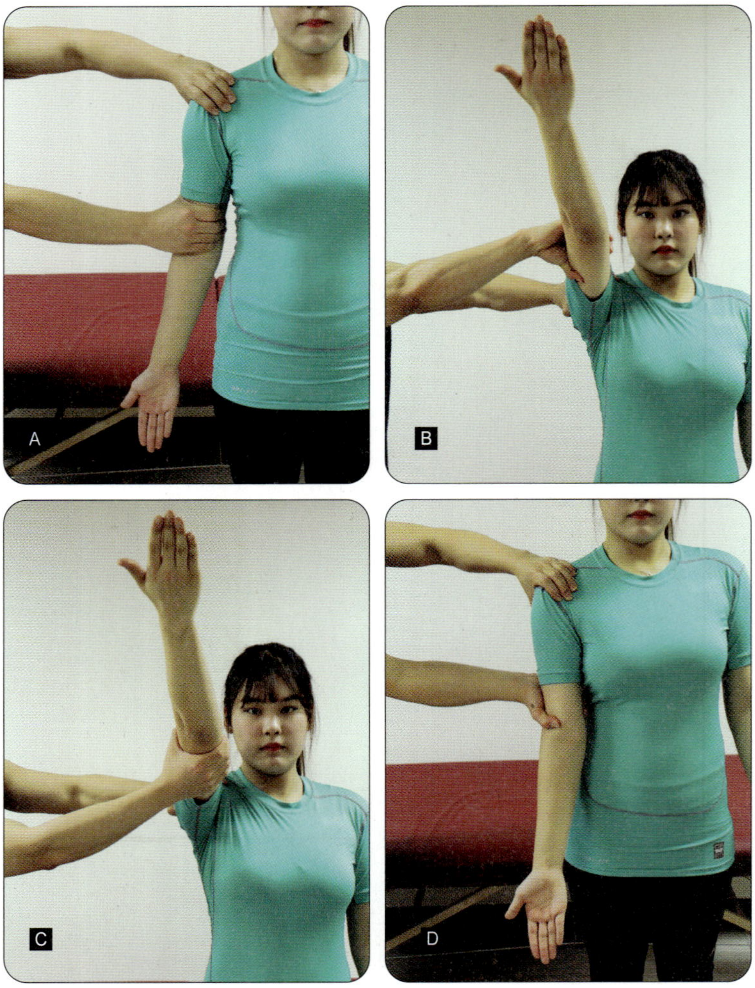

그림 4-11 A. 어깨관절 굽힘 시작, B. 어깨관절 굽힘 끝, C. 어깨관절 폄 시작, D. 어깨관절 폄 끝

실습활동 4-11 어깨관절(Shoulder joint) 벌림/모음(Abduction/Adduction)

동작	어깨관절 벌림(Abduction)			어깨관절 모음(Adduction)		
피검자의 자세	팔과 손바닥을 몸통에 붙인 상태로 앉은 자세			어깨관절을 180° 벌리고 손바닥은 바깥을 향하여 앉은 자세		
검사자의 고정손	어깨 위쪽			어깨 위쪽		
검사자의 저항손	위팔 먼쪽 가쪽			위팔 먼쪽 안쪽		
측정근육 (*: 주동근)	중간세모근*(Middle deltoid) 가시위근(Supraspinatus)			넓은등근*(Latissimus dorsi) 큰가슴근*(Pectoralis major) 큰원근*(Teres major)		
	수기근력검사 등급(MMT Grading)					
	MRC		D/W		K/M	
	ABD	ADD	ABD	ADD	ABD	ADD
피검자 1						
피검자 2						
비고						

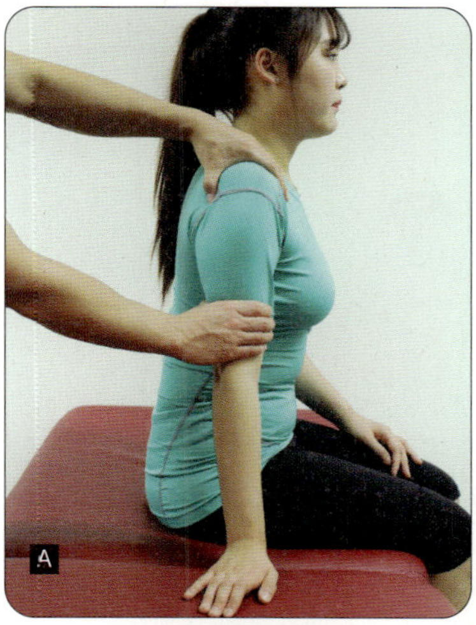

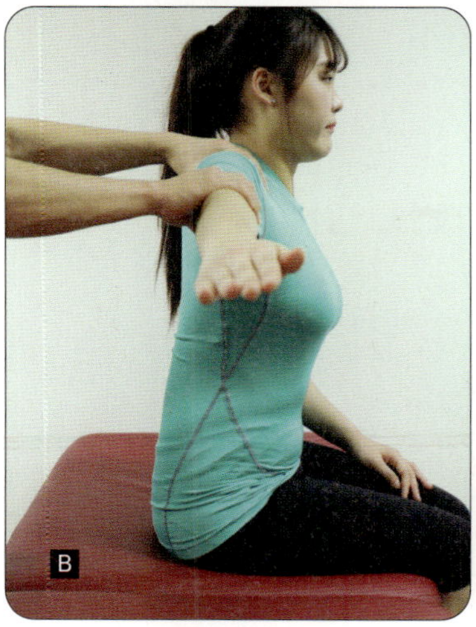

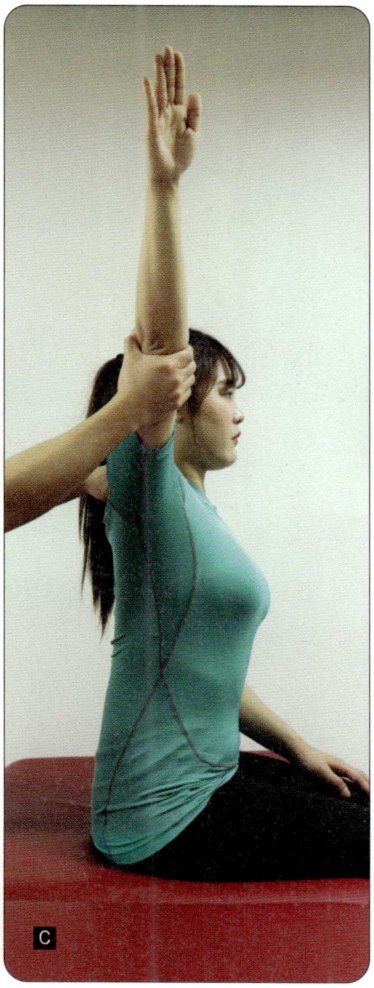

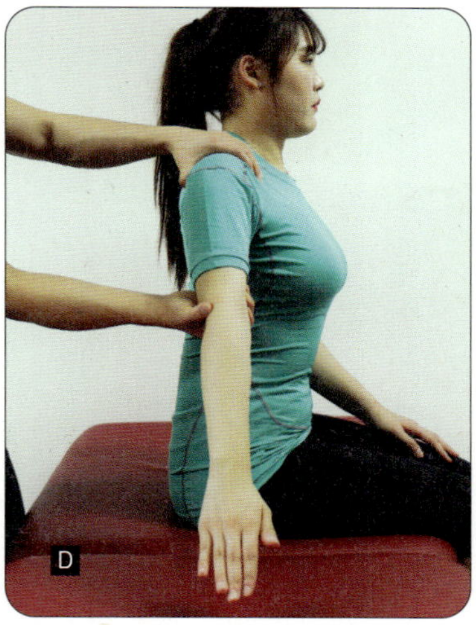

그림 4-12 A. 어깨관절 벌림 시작, B. 어깨관절 벌림 끝, C. 어깨관절 모음 시작, D. 어깨관절 모음 끝

실습활동 4-12 어깨관절(Shoulder joint) 안쪽돌림/바깥돌림(Internal rotation/External rotation)

동작	어깨관절 안쪽돌림(Internal rotation)			어깨관절 바깥돌림(External rotation)		
피검자의 자세	위팔을 몸통에 붙힌 상태로 팔꿈치관절을 90° 굽힘 하고 앉은자세			위팔을 몸통에 붙힌 상태로 팔꿈치관절을 90° 굽힘 하고 앉은자세		
검사자의 고정손	위팔 가까운쪽 가쪽			위팔 가까운쪽 가쪽		
검사자의 저항손	앞 아래팔 먼쪽			뒤 아래팔 먼쪽		
측정근육 (*: 주동근)	어깨밑근*(Subscapularis) 큰가슴근*(Pectoralis major) 큰원근*(Teres major) 넓은등근*(Latissimus dorsi)			가시아래근*(Infraspinatus) 작은원근*(Teres minor) 뒤세모근*(Poterior deltoid)		
	수기근력검사 등급(MMT Grading)					
	MRC		D/W		K/M	
	INT	EXT	INT	EXT	INT	EXT
피검자 1						
피검자 2						
비고						

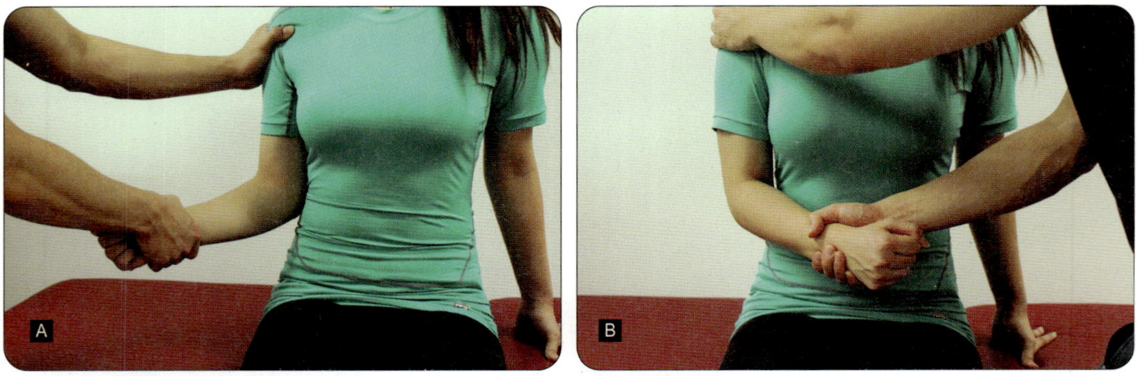

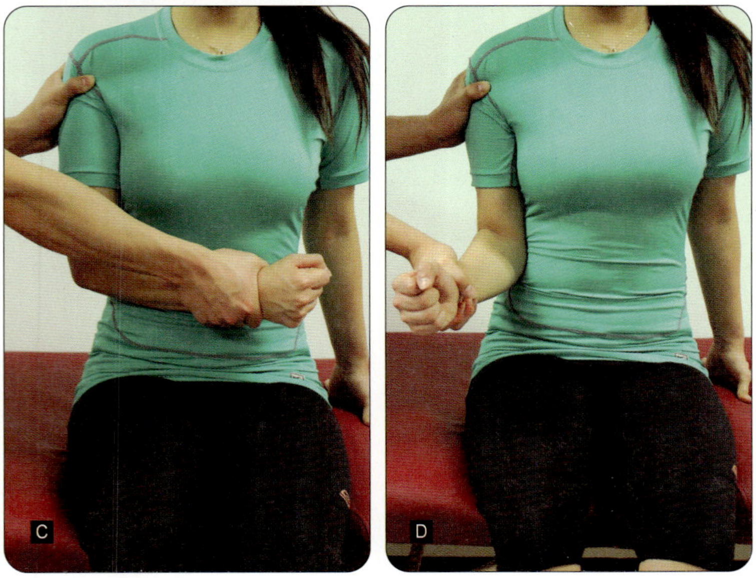

그림 4-13 A. 어깨관절 안쪽돌림 시작, B. 어깨관절 안쪽돌림 끝, C. 어깨관절 바깥돌림 시작, D. 어깨관절 바깥돌림 끝

참고문헌

1. Hislop, H. J., Avers. D., & Brown, M. (2014). Daniels and Worthinghams' muscle testing: Techniques of manual examination and performance testing (9th ed.). Philadelphia, PA: WB Saunders.
2. Kendall, F. P., McCreary, E. K., Provance, P. G., Rodgers, M. M., & Romani, W. A. (2005). Muscles testing and function with posture and pain (5th ed.). Baltimore, MD: Lippincott Williams & Wilkins.
3. Magee, D. J. (2014). Orthopedic physical assessment (6th ed.). St. Louis, MO: Saunders
4. Starkey, C., & Brown, S. D. (2015). Examination of orthopedic and athletic Injuries (4th ed.). Philadelphia, PA: F. A. Davis.

CHAPTER 5

저항운동

Resistive Exercise

저항운동은 다양한 형태의 외부 힘에 대항하여 능동적인 근수축을 통해 근력 혹은 근지구력을 유지하거나 강화시키는 운동이다. 외부적인 힘의 형태에는 물질적인 저항, 기계를 이용한 저항, 본인의 체중이나 타인에 의한 수기저항 등이 있다. 일반적으로 체중의 40~50% 정도를 차지하는 골격근은 체지방보다 훨씬 더 많은 양의 기초대사량을 소비시킨다. 저항운동을 통해 근육량을 늘리면 기초대사량 소모가 증가하게 되고 체중감량에도 도움을 줄 뿐만 아니라 건강상에 여러 가지 긍정적인 결과를 가져오게 된다.

저항운동의 기본용어

- 최대반복수(1 Repetition Maximum: 1 RM): 최대 1회 반복하여 들어올릴 수 있는 중량이다.
- 근력(Muscle strength): 근수축에 의해서 발생하는 물리적인 운동에너지이다.
- 근지구력(Muscle endurance): 저항에 대하여 근육이 오랫동안 반복된 수축을 지속적으로 할 수 있는 능력이다.
- 등척성 수축(Isometric contraction): 근육의 길이나 관절각의 변화 없이 행하는 근육 운동이다.
- 등장성 수축(Isotonic contraction): 근육의 길이나 관절각의 변화를 통해 근수축이 이루어지는 근육 운동이다.
  - 동심성 수축(Concentric contraction): 등장성 수축의 한 형태로 근육의 길이가 짧아지는 근육 운동이다.
  - 편심성 수축(Eccentric contraction): 등장성 수축의 한 형태로 근육의 길이가 길어지는 근육 운동이다.
- 등속성 수축(Isokinetic contraction): 장비(동력계)를 이용하여 관절의 가동범위 전체에 일정한 속도로 움직이면서 최대 근력을 발휘하도록 동적 근육 운동이다.
- 스티킹 포인트(Sticking point): 저항(중량)의 관절가동범위에서 가장 무겁게 느껴지는 순간이며, 일반적으로 저항운동을 할 때 시작동작부터 "Sticking point" 까지는 숨을 천천히 내쉬고, 이후 "Sticking point" 에서 시작동작까지 천천히 숨을 들여 마신다.

신체부위에 따른 아래의 저항운동을 실시 해보고, 각 조 구성원에게 지도해보자.

실습활동 5-1 위팔두갈래근(Biceps brachii muscle) 저항운동

1-1) 허리를 곧게 펴고 발 자세는 어깨너비로 선다.
1-2) 양팔은 자연스럽게 몸통 옆으로 하여 손바닥이 앞을 향하도록 아래로 내린다.
1-3) 덤벨을 들고 한쪽씩 번갈아 가며 혹은 양손을 같이 팔꿈치 굽힘 동작을 하며 들어올린다.
1-4) 덤벨을 들어올리며 천천히 호흡을 내쉬고, 내리면서 호흡을 들여마신다.

1

2-1) 허리를 곧게 펴고 발 자세는 어깨너비로 선다.
2-2) 바벨의 바를 어깨넓이로 잡고 팔꿈치 굽힘 동작을 하며 들어올린다.
2-3) 바벨을 들어올리며 천천히 호흡을 내쉬고, 내리면서 호흡을 들여마신다.

2

그림 5-1 위팔두갈래근(Biceps brachii muscle) 저항운동

실습활동 5-2 위팔세갈래근(Triceps brachii muscle) 저항운동

1-1) 허리를 곧게 펴고 선다.
1-2) 덤벨을 양손가락으로 이용하여 겹쳐 잡고 팔꿈치를 90° 정도 구부려 머리 뒤 방향으로 내린다.
1-3) 양팔이 몸통 선과 일직선이 되도록 팔꿈치를 펴면서 위 방향으로 들어올린다.
1-4) 덤벨을 들어올리며 천천히 호흡을 내쉬고, 머리 뒤로 내리면서 호흡을 들여마신다.

1

2-1) 팔꿈치를 100~120° 구부린 자세에서 바를 위에서 아래방향으로 잡는다.
2-2) 팔꿈치를 펴면서 바를 아래로 내린다.
2-3) 팔꿈치를 펴며 바를 아래로 내리면서 천천히 호흡을 내쉬고, 팔꿈치를 구부려 올리면서 호흡을 들여마신다.

2

그림 5-2 위팔세갈래근(Triceps brachii muscle) 저항운동

실습활동 5-3 아래팔굽힘근(Forearm flexor muscle) 저항운동

1-1) 허리를 곧게 펴고 앉는 자세로 벤치 위에 아래팔 등쪽을 닿게 하고 손목이 벤치 아래쪽에 위치하게 한다.

1-2) 덤벨을 한손으로 잡고 손목폄 자세를 취한다. 반대편 손은 벤치 옆에 올려둔다.

1-3) 아래팔 등쪽은 벤치에 붙인 채 손목굽힘 동작을 하며 덤벨을 들어올린다.

1-4) 손목굽힘으로 덤벨을 들어올리며 천천히 호흡을 내쉬고, 내리면서 호흡을 들여마신다.

1

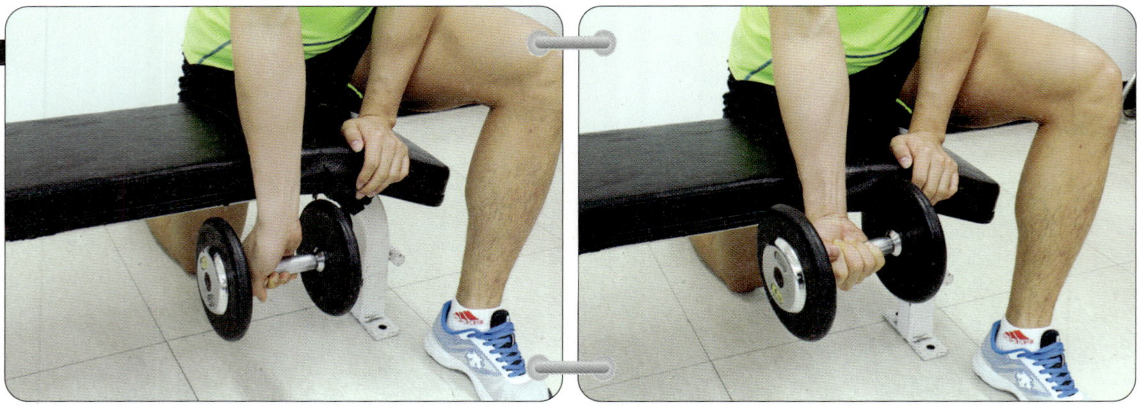

2-1) 허리를 곧게 펴고 벤치의 긴쪽을 향해 무릎을 굽혀 앉는 자세를 취한다.

2-2) 양쪽 아래팔 등쪽을 벤치에 올려놓고 양 손목이 벤치밖에 위치하게 한다.

2-3) 바벨을 양손으로 잡고 양 손목폄 자세를 취한다.

2-4) 양 손목의 굽힘동작으로 바벨을 들어올리며 천천히 호흡을 내쉬고, 내리며 호흡을 들여마신다.

2

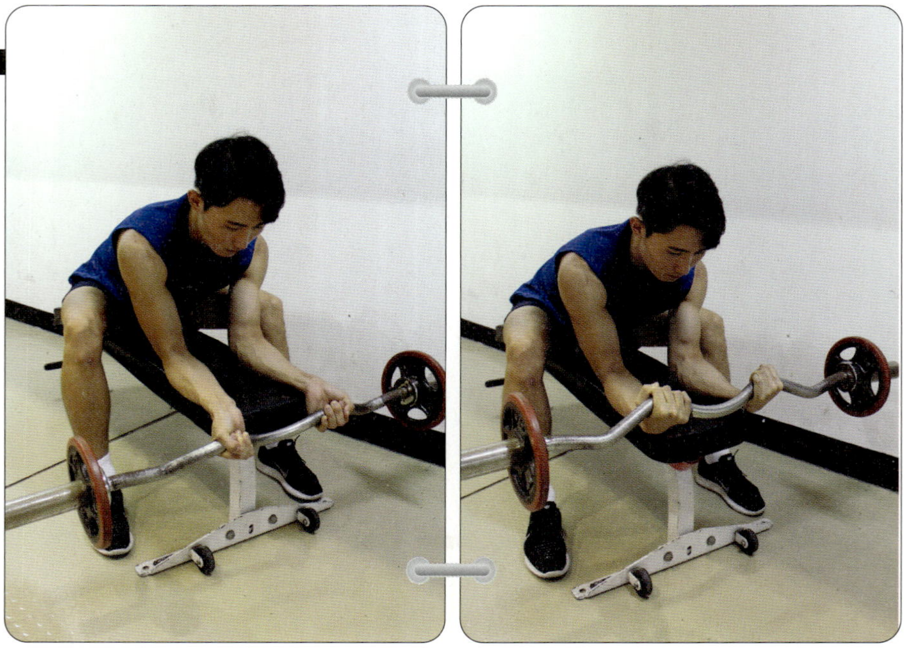

그림 5-3 아래팔굽힘근(Forearm flexor muscle) 저항운동

실습활동 5-4 아래팔펌근(Forearm extensor muscle) 저항운동

1-1) 허리를 곧게 펴고 벤치의 긴쪽과 가슴이 평행되게 무릎을 살짝굽힌 자세를 취한다.

1-2) 양쪽 아래팔 앞쪽을 벤치에 올려놓고 양 손목이 벤치밖에 위치하게 한다.

1-3) 양손으로 바벨을 위에서 아래방향으로 잡고 양 손목 굽힘 자세를 취한다.

1-4) 양 손목 폄 동작으로 바벨을 들어올리며 천천히 호흡을 내쉬고, 내리며 호흡을 들여마신다.

1

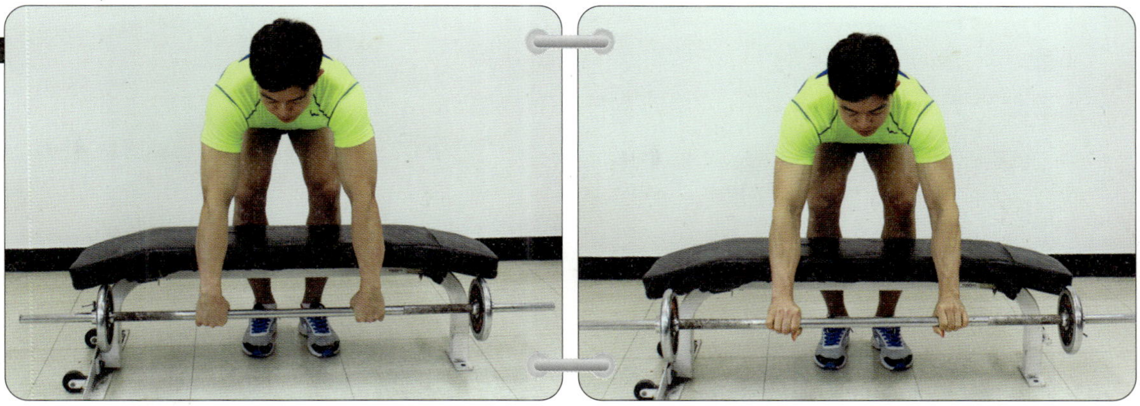

2-1) 허리를 곧게 펴고 발 자세는 어깨넓이로 선다.

2-2) 양 어깨를 90° 굽히고, 양 팔꿈치를 앞으로 뻗어 추를 매달은 기구의 바를 위에서 아래방향으로 잡는다.

2-3) 양 손목 폄 동작을 번갈아 바를 돌려 매달린 추의 길이가 짧아지도록 한다.

2-4) 동작 중에 천천히 호흡을 내쉬고 호흡을 들여마신다.

2

그림 5-4 아래팔펌근(Forearm extensor muscle) 저항운동

실습활동 5-5 삼각근(Deltoid muscle) 저항운동

1-1) 허리를 곧게 펴고 발 자세는 어깨너비로 선다.
1-2) 양쪽 손바닥이 몸통 안쪽을 향하도록 덤벨을 잡는다.
1-3) 한쪽씩 번갈아 가며 혹은 양 어깨를 같이 어깨벌림 90° 동작을 하며 덤벨을 들어올린다.
1-4) 덤벨을 들어올리며 천천히 호흡을 내쉬고, 내리며 호흡을 들여마신다.

1

2-1) 허리를 곧게 펴고 발 자세는 어깨너비로 선다.
2-2) 저항밴드 길이의 중간 정도를 양 발 아래에 위치하게 하고 밴드의 양쪽 끝 부위를 잡는다.
2-3) 어깨벌림 90°가 되도록 저항밴드를 당기며 호흡을 내쉬고, 내리며 호흡을 들여마신다.

2

그림 5-5 삼각근(Deltoid muscle) 저항운동

실습활동 5-6 **큰가슴근(Pectoralis major muscle)**

1-1) 벤치에 등과 머리부위가 닿게 눕는다. 양 발은 어깨넓이 정도로 벌려 양 발바닥이 벤치의 양쪽 지면에 평평하게 닿게 위치한다. 등의 아치는 편안하고 자연스럽게 만들다.

1-2) 바벨의 바는 어깨너비 정도로 잡는다.

▶바를 넓게 잡으면 큰가슴근, 좁게 잡으면 위팔세갈래근에 좀 더 근력이 집중된다.

1-3) 팔꿈치 폄과 어깨수평모음 동작으로 바벨을 들어올리며 천천히 호흡을 내쉬고, 반대 동작으로 내리며 호흡을 들여마신다.

1-4) 바벨은 바가 가슴에 살짝 닿을 정도까지 내린다.

1

2-1) 허리를 펴고 앉아 양 팔꿈치를 약간 굽힘 자세에서 핸들을 잡는다.

2-2) 어깨 모음과 안쪽돌림 동작을 하며 양손이 거의 닿을 때까지 핸들을 당긴다

2-3) 핸들을 앞으로 모으며 호흡을 내쉬고, 핸들이 중앙에서 멀어질 때 호흡을 들여마신다.

2

그림 5-6 큰가슴근(Pectoralis major muscle) 저항운동

실습활동 5-7 넓은등근(Latissimus dorsi muscle), 등세모근(Trapezius muscle) 저항운동

1-1) 허리를 곧게 펴고 발 자세는 어깨너비로 하여 상체를 숙인 자세로 선다.
1-2) 무릎을 약간 굽힌 상태로 양팔은 자연스럽게 바벨의 바를 어깨너비로 잡는다.
1-3) 무릎과 상체의 자세를 유지하며 팔꿈치 굽힘 동작으로 바벨을 몸통 옆으로 들어올린다.
1-4) 바벨을 들어올리며 천천히 호흡을 내쉬고, 내리면서 호흡을 들여마신다.

1

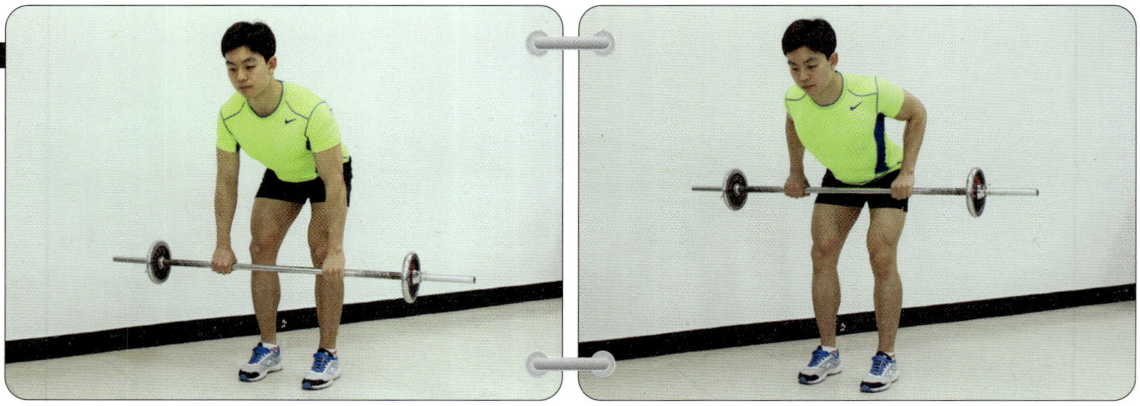

2-1) 허리를 곧게 펴고 발 자세는 어깨너비로 선다.
2-2) 양 팔은 자연스럽게 몸통 옆으로 하여 바벨의 바를 어깨넓이로 잡는다.
2-3) 어깨벌림과 팔꿈치 굽힘 동작으로 바벨을 가슴 앞까지 들어올린다.
2-4) 바벨을 들어올리며 천천히 호흡을 내쉬고, 내리면서 호흡을 들여마신다.

2

그림 5-7 넓은등근(Latissimus dorsi muscle), 등세모근(Trapezius muscle) 저항운동

실습활동 5-8 배근육(Abdominal muscle) 저항운동

1-1) 매트 위에 등을 대고 누워서 엉덩 관절은 45°, 무릎관절은 90° 굽힘 자세를 취한다.

1-2) 양손은 가슴앞에 가볍게 두고, 양발은 바닥에 닿게 한다.

1-3) 머리, 어깨, 팔꿈치, 양 발 등은 준비동작과 같게 유지한 채로 상체가 대퇴와 90°(엉덩관절 굽힘 90°)를 이를 때까지 천천히 일으킨다.

1-4) 상체를 일으키며 천천히 호흡을 내쉬고, 내리며 호흡을 들여마신다.

1

2-1) 머리부터 발까지 일직선 상에서 아래쪽 엉덩이 가쪽이 바닥에 닿게하고 몸통을 옆 방향으로 향하게 하여 눕는다.

2-2) 아래팔은 바닥에 닿게 하고 반대쪽 손은 가볍게 허리에 올려두고, 운동하는 복부쪽 어깨 벌림 90°, 팔꿈치 굽힘 90° 동작으로 바닥에 닿은쪽 엉덩이를 들어올린다.

2-3) 이 동작을 10~15초간 유지, 10~15초 휴식하는 동작을 1회로 하여 8~10회 정도 반복한다.

2-4) 엉덩이를 들어올리며 천천히 호흡을 내쉬고, 내리며 호흡을 들여마신다

2-5) 유지동작에서 호흡은 자연스럽게 한다.

2

그림 5-8 배근육(Abdominal muscle) 저항운동

실습활동 5-9 척주세움근(Erector spinae muscle) 저항운동

1-1) 매트 위에 등을 대고 누워서 엉덩이 관절은 45°, 무릎관절은 90°굽힘 자세를 취하고 양 발을 바닥에 닿은 자세로 양손바닥이 바닥에 닿게 한다.
1-2) 양 무릎 사이에 쿠션 등을 끼워 무릎이 벌어지지 않게 한다.
1-3) 머리, 어깨 위 부분, 팔꿈치, 양 발 등을 준비동작과 같게 유지한 채로 엉덩이를 들어올리며 복부와 허벅지가 일직선이 되는 동작을 취한다.
1-4) 이 동작을 10~15초간 유지, 10~15초 휴식하는 동작을 반복한다.
1-5) 엉덩이를 들어올리며 천천히 호흡을 내쉬고, 내리며 호흡을 들여마신다.
1-6) 유지동작에서 호흡은 자연스럽게 한다.

1

2-1) 양손은 가슴 앞에 교차하여 가볍게 두고 기기에 배을 대고 올라서서 상체를 숙인 자세를 취한다.
2-2) 머리, 양팔 등을 시작자세와 같이 유지한 채 천천히 상체를 들어올려 상체와 하체가 일직선이 되는 동작을 취한다.
2-3) 상체를 일으키며 천천히 호흡을 내쉬고, 내리며 호흡을 들여마신다.

2

그림 5-9 척주세움근(Erector spinae muscle) 저항운동

실습활동 5-10 넙다리네갈래근(Quadriceps muscle) 저항운동

1-1) 허리를 곧게 펴고 무릎을 굽힌 자세로 기기에 앉은 후, 몸통 좌우측에 있는 보조핸들을 잡는다.
1-2) 무릎관절 선이 기기 회전축의 중심과 일직선상에 위치하도록 한다.
1-3) 무릎을 펴면서 천천히 호흡을 내쉬고, 무릎을 내리면서 호흡을 들여마신다.

1

2-1) 허리는 곧게 펴고, 발 자세는 어깨너비로 서서, 양 손바닥이 앞 방향을 향하도록 바를 잡고, 바가 어깨와 등세모근에 가로 지르도록 한다. 양 발은 바깥쪽으로 약간(10~15°) 벌린다.
2-2) 천천히 무릎을 굽히면서 아래로 내려간다. 이때, 양 무릎이 양 발의 발가락선을 넘지 않도록 주의하고, 넙다리가 바닥과 평행선이 되도록 내려간다.
2-3) 무릎을 펴면서 발뒤꿈치에 힘을 주며 빠르게 일어나는 동작을 한다.
2-4) 아래로 내려가면서 천천히 호흡을 들이마시고 올라오는 동작에서 호흡을 내쉰다.

2

그림 5-10 넙다리네갈래근(Quadriceps muscle) 저항운동

실습활동 5-11 넙다리뒤근(Hamstring muscle) 저항운동

1-1) 허리를 곧게 펴고 편안하게 기기에 엎드린 후, 보조핸들을 잡는다.
1-2) 무릎관절 선이 기기 회전축의 중심과 일직선상에 위치하도록 자리를 한다.
1-3) 무릎을 구부리며 천천히 호흡을 내쉬고, 무릎을 내리면서 호흡을 들여마신다.

1

2-1) 허리는 곧게 펴고, 발 자세는 어깨너비로 서서, 바를 위에서 아래방향으로 어깨너비로 잡는다.
발의 중앙선이 바의 아래에 오도록 위치한다. 양 발은 바깥쪽으로 약간(10~15°) 벌린다.
2-2) 무릎을 약간 굽히면서 바가 정강뼈를 닿을 때까지 내려간다. 동작 중 바의 위치를 유지한다.
2-3) 무릎을 펴면서 동시에 몸통을 세우며 허리를 편다.
2-4) 아래로 내려가면서 천천히 호흡을 들이마시고 올라오는 동작에서 호흡을 내쉰다.

2

그림 5-11 넙다리뒤근(Hamstring muscle) 저항운동

실습활동 5-12 장딴지근(Gastrocnemius muscle)/가자미근(Soleus muscle)/뒤정강근(Tibialis posterior muscle) 저항운동

1-1) 허리를 곧게 펴고 양 발을 약간 벌린 채 의자나 테이블 등을 잡고 선다.

1-2) 양 발 앞꿈치는 바닥에 붙이고 양 발 뒤꿈치를 들어 올린다. 이때, 몸이 바닥과 직각이 되도록 자세를 유지한다.

1-3) 발뒤꿈치를 올리며 호흡을 내쉬고, 발뒤꿈치를 내리면서 호흡을 들여마신다.

1

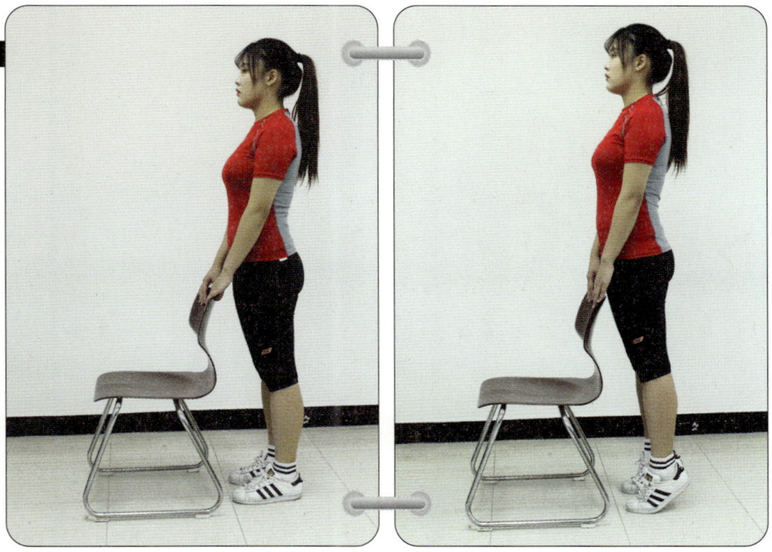

2-1) 허리는 곧게 펴고 벤치나 의자 등에 편안하게 앉는다.

2-2) 양 손(혹은 한 손)으로 잡은 덤벨은 무릎 위에 안정되게 올려둔다.

2-3) 발뒤꿈치를 올리며 호흡을 내쉬고, 발뒤꿈치를 내리면서 호흡을 들여마신다.

2

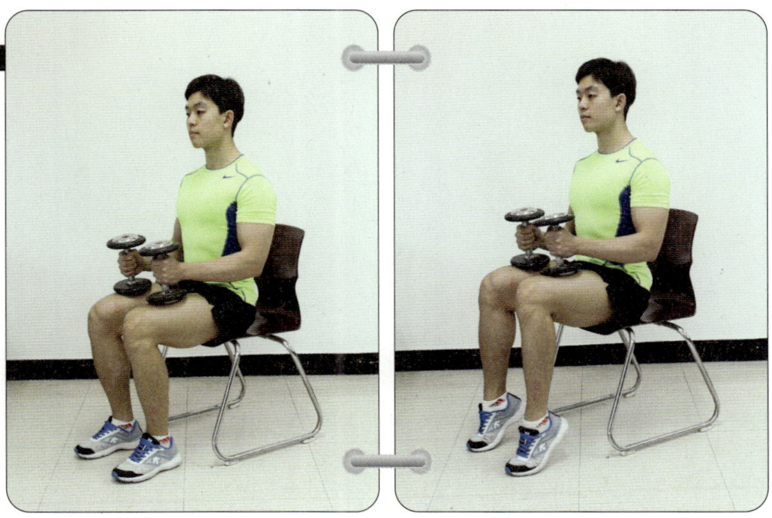

그림 5-12 장딴지근(Gastrocnemius muscle)/가자미근(Soleus muscle)/뒤정강근(Tibialis posterior muscle) 저항운동

실습활동 5-13 앞정강근(Tibialis anterior muscle)/긴엄지폄근(Extensor hallucis longus muscle), 긴발가락폄근(Extensor digitorum longus muscle) 저항운동

1-1) 바닥에 앉아 무릎 편 자세를 취하고 양손바닥은 자연스럽게 몸통 옆 바닥에 위치한다.

1-2) 발 허리뼈 머리부분에 저항밴드를 연결하고, 발 앞쪽 기구 등에 밴드를 고정한다.

1-3) 발목을 이용하여 발가락을 몸통방향으로 당긴다.

1-4) 발목을 당기며 호흡을 내쉬며, 발목을 내리며 호흡을 들여마신다(혹은 발목을 당기고 내리며 호흡은 자연스럽게 한다).

1

2-1) 허리는 곧게 펴고 의자에 앉아 한발을 다른 발 위에 올려둔다.

2-2) 올려둔 발은 아래 발을 누르면서, 아래발의 발 뒤꿈치는 바닥에 붙힌 상태에서 발 앞꿈치를 들어올린다.

2-3) 발 앞꿈치를 올리며 호흡을 내쉬며, 발 앞꿈치를 내리며 호흡을 들여마신다(혹은 발 앞꿈치를 올리고 내리며 호흡을 자연스럽게 한다).

2

그림 5-13 앞정강근(Tibialis anterior muscle)/긴엄지폄근(Extensor hallucis longus muscle), 긴발가락폄근(Extensor digitorum longus muscle) 저항운동

실습활동 5-14 큰볼기근(Gluteus maximus muscle) 저항운동

1-1) 허리를 곧게 편 상태에서 양손에 덤벨을 들고 벤치 앞에 선다.

1-2) 자세를 유지하며 운동하는 발을 벤치 중앙부위에 올려놓고, 무릎을 펴면서 동시에 반대도 벤치 위로 올린다.

1-3) 벤치 위에 올라선 후, 반대 발이 벤치 위에서 먼저 내려오고 운동하는 발도 따라 내려놓는다.

1-4) 벤치위로 올라가며 호흡을 내쉬고, 벤치에서 내려오며 호흡을 들이쉰다.

1

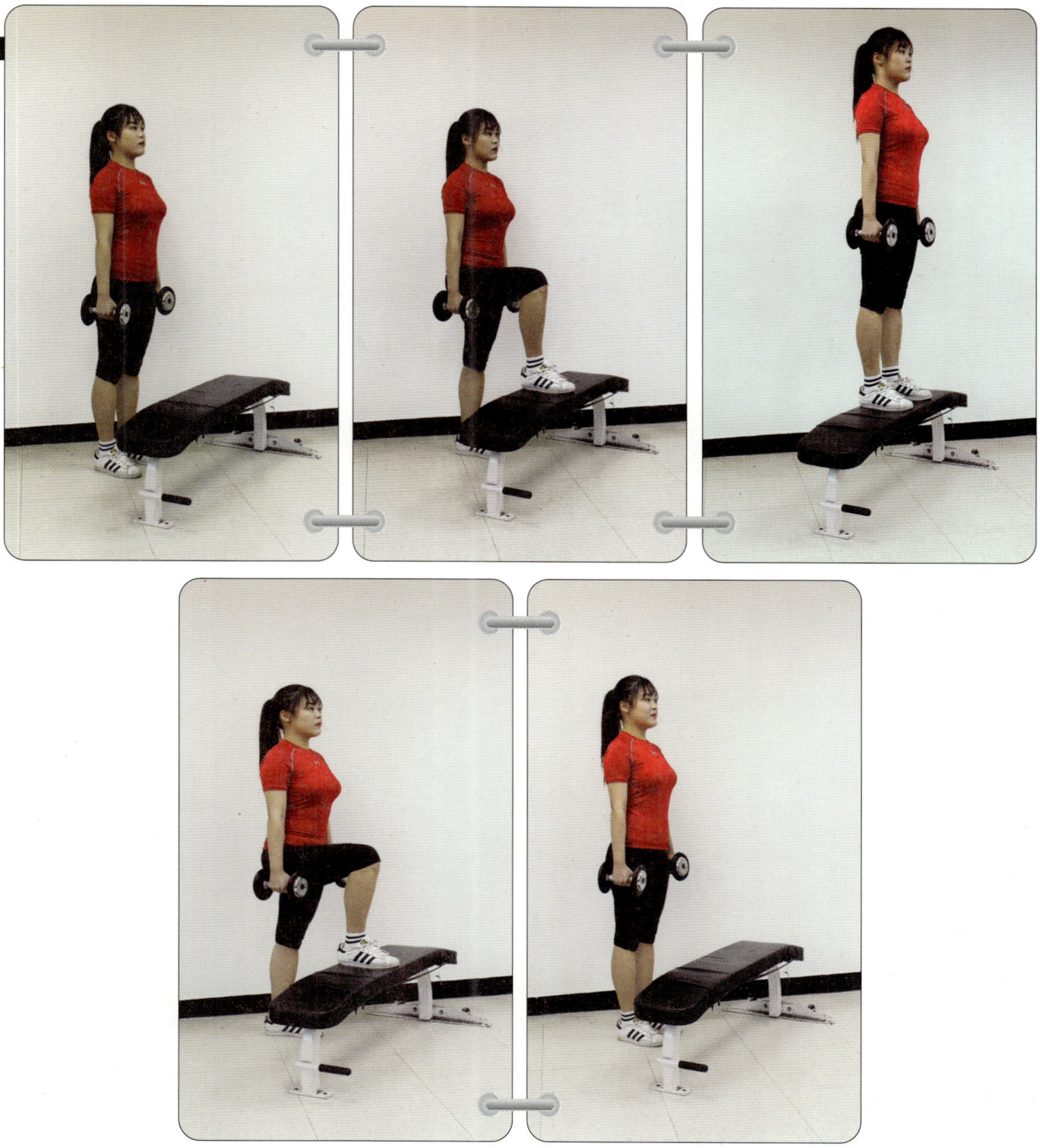

그림 5-14 큰볼기근(Gluteus maximus muscle) 저항운동

continued

2-1) 허리를 곧게 편 상태에서 양손에 덤벨을 들고 선다.

2-2) 허리의 수직자세를 유지하면서 운동하는 발을 앞 방향으로 크게 내 딛는다. 이때, 무릎을 90° 정도 굽힌다.

2-3) 동시에 반대편 정강뼈가 바닥과 평행하도록 무릎을 90° 정도 구부리며 뒤꿈치를 든다.

2-4) 앞쪽 발을 이용하여 바닥을 밀며 원위치로 돌아온다.

2-5) 동작 중 원위치로 돌아오며 호흡을 내쉬고, 앞 방향으로 발을 내 딛으며 호흡을 들이쉰다.

2

그림 5-14 큰볼기근(Gluteus maximus muscle) 저항운동

실습활동 5-15 중간볼기근(Gluteus medius muscle)/작은볼기근(Gluteus minimus muscle) 저항운동

1-1) 상체를 약간 세운 채, 양 무릎 아래부위에 루프밴드를 감고 옆으로 누운 자세를 취한다.
1-2) 위쪽 다리를 이용하여 엉덩이 벌림 동작이 되도록 바깥쪽으로 당긴다.
1-3) 이후, 천천히 원위치로 돌아온다.
1-4) 엉덩관절 벌림동작을 하며 호흡을 내쉬고, 원위치로 돌아오며 호흡을 들이쉰다.

1

2-1) 허리를 곧게 펴고 선다.
2-2) 신체균형을 유지하며, 운동하는 발목에 저항밴드를 연결한다.
2-3) 바깥쪽 엉덩관절의 벌림 동작을 하며 호흡을 내쉬고, 원위치로 돌아오며 호흡을 들이쉰다.

2

그림 5-15 중간볼기근(Gluteus medius muscle)/작은볼기근(Gluteus minimus muscle) 저항운동

실습활동 5-16 모음근(Adductor muscle) 저항운동

1-1) 허리를 곧게 펴고 엉덩 벌림 자세로 기기에 앉아 몸통 좌우측에 있는 보조핸들을 잡는다.

1-2) 양쪽 엉덩이 모음 동작을 하면서 호흡을 내쉬고, 원위치로 돌아오며 호흡을 들이쉰다.

1

그림 5-16 모음근(Adductor muscle) 저항운동

2-1) 허리를 곧게 펴고 옆으로 누워 바닥쪽 팔과 손으로 상체를 받친다.
2-2) 발 아래에 의자를 두고 위쪽(운동하는) 발을 의자 위에 올려놓는다.
2-3) 의자 위 발을 유지한 채 하지를 모음 동작을 하며 위쪽다리에 붙인다.
2-4) 엉덩이 모음 동작을 하며 호흡을 내쉬고, 원위치로 돌아오며 호흡을 들이쉰다.

2

그림 5-16 모음근(Adductor muscle) 저항운동

실습활동 5-17 열거된 근육(군)의 자세를 변경하거나 다른 장비를 이용한 저항운동을 적용해보자.

근육(군)	자세	장비
위팔두갈래근(Biceps brachii muscle)		
위팔세갈래근(Triceps brachii muscle)		
아래팔굽힙근(Forearm flexor muscle)		
아래팔폄근(Forearm extensor muscle)		
삼각근(Deltoid muscle)		
큰가슴근(Pectoralis major muscle)		
넓은등근(Latissimus dorsi muscle) 등세모근(Trapezius muscle)		
배근육(Abdominal muscle)		
척주세움근(Erector spinae muscle)		
넙다리네갈래근(Quadriceps muscle)		

넙다리뒤근(Hamstring muscle)		
장딴지근(Gastrocnemius muscle) 가자미근(Soleus muscle) 뒤정강근(Tibialis posterior muslce)		
앞정강근(Tibialis anterior muscle) 긴엄지폄근(Extensor hallucis longus muscle) 긴발가락폄근(Extensor digitorum longus muscle)		
큰볼기근(Gluteus maximus muscle) 중간볼기근(Gluteus medius muscle) 작은볼기근(Gluteus minimus muscle)		
모음근(Adductor muscle)		

참고문헌

1. Delavier, F. (2010). Strength training anatomy (3rd ed.). Champaign, IL: Human Kinetics.
2. National Strength and Conditioning Association (2016). Exercise technique manual for resistance training. (3rd ed.). Champaign, IL: Human Kinetics.
3. National Strength and Conditioning Association (2016). Essentials of strength training and conditioning (4th ed.). Champaign, IL: Human Kinetics.

CHAPTER 6

신체구성검사

Body Composition Assessment

신체구성은 체지방과 체지방을 제외한 근육, 뼈, 피부, 내장기관을 포함한 제지방(Fat free mass) 조직으로 이루어져 있으며, 체지방량과 제지방량의 비율을 백분율로 나타낸다. 체지방률(Body fat percentage, % Body fat)은 인체의 비만 정도를 나타내는 것으로 체지방률이 높아지면 만성질환의 위험을 높이기 때문에 중요한 건강지표라 할 수 있다. 신체구성을 평가하는 다양한 방법들을 살펴보도록 하자.

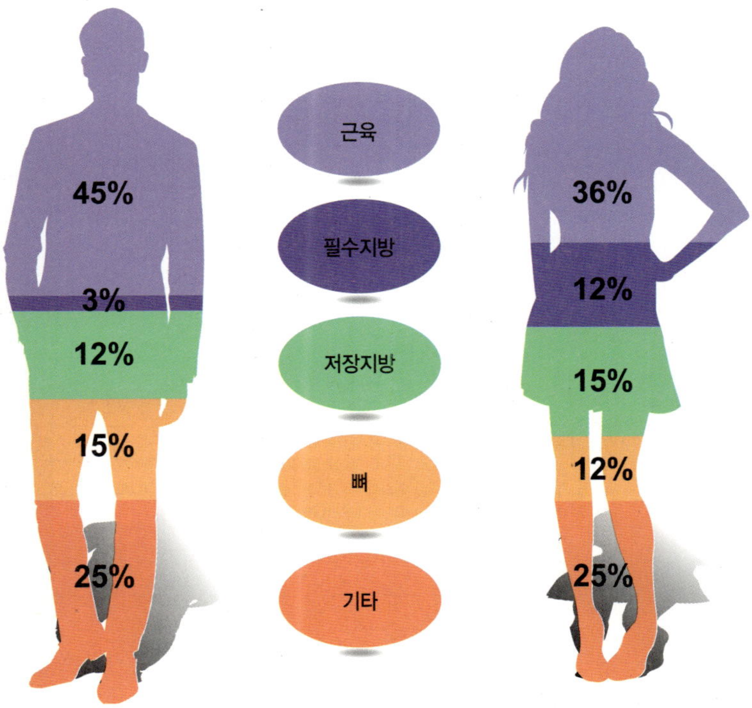

그림 6-1 신체구성

표준체중법(Ideal Body Weight Method)

표준체중을 구하는 공식은 [(신장-100) × 0.9(여성: 0.85)]이며, 표준체중을 이용하여 비만도를 구할 수 있다. 비만도는 [현재체중 - 표준체중 / 표준체중 × 100]로 구할 수 있으며 Framingham 연구에서는 표준체중의 20%를 초과하는 체중을 비만으로 판정한다. 하지만 체중만으로는 근육과 지방의 비율을 구분하기가 어렵기 때문에 활용도가 많이 떨어지고 있다.

표 6-1 브로카법(Broca Method)을 이용한 비만도 계산

비만도	구분
80% 미만	심한 허약
80%~90% 미만	허약
90%~110% 미만	정상
110%~120% 미만	과체중
120%~130% 미만	경도 비만
130%~150% 미만	중등도 비만
150% 이상	고도 비만

전국적으로 성인의 신체구성 및 체력을 파악하기 위하여 국민체력실태조사를 실시하였으며, 남녀 체중과 체지방률에 대한 결과는 다음과 같다.

표 6-2 남성 체중 백분위 기준(kg)

백분위 \ 연령	19~24	25~29	30~34	35~39	40~44	45~49	50~54	55~59	60~64
95	89.0	90.7	93.1	93.1	88.2	86.9	86.7	83.7	84.8
90	81.3	84.1	88.8	88.3	83.7	82.8	83.0	80.3	78.0
85	80.0	81.1	86.0	85.9	81.0	80.0	80.7	79.2	77.0
80	78.0	80.0	84.0	82.6	79.7	78.6	78.5	76.3	75.4
75	76.0	78.8	81.0	81.3	78.0	77.9	77.5	74.8	74.2
70	75.0	77.0	79.9	80.0	76.8	76.0	75.6	74.0	73.0
65	73.6	75.4	78.0	78.6	75.7	75.1	74.4	72.9	71.8
60	72.5	74.4	77.2	78.0	73.5	73.5	72.8	71.5	70.9
55	71.0	73.3	76.0	77.6	73.0	72.1	71.6	70.2	70.4
50	70.0	72.3	74.4	76.4	72.0	71.2	70.8	69.2	70.0
45	68.9	71.0	73.1	75.1	70.2	70.2	70.0	68.2	67.0
40	68.0	70.0	72.1	74.1	70.0	69.6	69.3	67.1	65.5
35	67.4	68.8	71.3	73.5	68.8	68.8	68.4	66.0	64.9
30	66.3	67.7	70.0	72.6	68.0	68.0	67.7	65.5	64.0
25	35.0	67.0	68.7	70.6	66.3	66.6	65.0	65.0	61.6
20	64.0	65.0	68.0	69.3	64.7	65.0	63.3	64.0	59.8
15	62.8	64.0	66.8	67.5	63.0	63.0	62.5	62.6	58.8
10	60.6	62.0	64.5	65.2	61.0	61.0	60.0	60.0	57.3
5	58.0	59.5	61.5	62.1	58.0	58.0	57.9	57.6	55.0

(2015년 국민체력실태조사, 문화체육관광부)

표 6-3 여성 체중 백분위 기준(kg)

백분위 \ 연령	19~24	25~29	30~34	35~39	40~44	45~49	50~54	55~59	60~64
95	67.6	65.7	68.6	71.5	70.1	69.7	70.0	74.2	73.6
90	63.3	62.0	64.0	66.9	67.0	65.7	68.0	69.4	69.8
85	61.4	61.1	62.3	64.9	65.0	64.8	65.1	67.3	66.3
80	59.3	60.0	60.5	63.0	62.7	64.0	64.0	64.4	65.0
75	58.1	58.1	59.9	61.5	62.0	62.3	62.1	63.7	63.9
70	57.0	57.1	59.0	60.0	60.9	61.9	61.2	62.0	62.0
65	55.7	57.0	58.0	59.6	59.2	60.9	60.0	61.0	61.4
60	55.0	55.4	57.8	58.7	58.5	59.9	59.0	60.0	61.0
55	54.3	55.0	57.0	57.0	58.0	59.0	58.0	59.0	58.4
50	53.5	54.0	56.0	56.1	57.1	58.2	57.1	57.2	58.0
45	53.0	52.4	55.0	55.8	56.8	58.0	56.0	56.8	57.0
40	52.1	51.9	54.0	54.9	56.0	57.0	55.0	55.8	566
35	51.6	50.5	53.1	53.8	55.5	56.1	54.2	55.0	55.7
30	50.8	50.0	52.1	53.0	54.9	55.5	54.0	54.5	54.6
25	50.0	49.0	51.3	52.0	54.0	54.7	52.9	53.6	53.8
20	49.0	48.1	50.0	51.0	53.3	54.0	51.5	52.5	53.3
15	47.5	46.9	49.0	49.9	52.0	53.0	51.0	51.9	51.4
10	45.9	44.7	48.0	48.1	51.0	52.0	49.7	51.0	48.5
5	43.4	42.4	45.5	47.0	49.1	48.9	46.9	46.7	46.3

(2015년 국민체력실태조사, 문화체육관광부)

표 6-4 남성 체지방률 백분위 기준(%)

백분위 \ 연령	19~24	25~29	30~34	35~39	40~44	45~49	50~54	55~59	60~64
95	25.4	26.8	25.4	27.2	26.6	27.3	29.0	27.2	30.9
90	22.9	24.5	23.1	25.2	24.9	24.9	26.0	25.2	27.6
85	21.1	22.0	21.8	24.1	23.3	23.5	25.1	24.1	25.9
80	19.9	20.7	20.7	23.4	21.9	22.4	24.0	23.6	24.6
75	18.6	19.6	19.8	22.6	21.1	21.4	23.0	22.8	23.3
70	17.2	18.7	19.2	21.8	20.3	20.7	22.3	21.8	22.8
65	16.0	17.9	18.4	20.3	19.7	19.8	21.3	21.2	22.1
60	14.9	17.1	17.6	19.3	19.1	19.1	20.8	20.4	21.3
55	14.1	16.1	17.2	18.9	18.3	18.7	20.1	19.9	20.0
50	13.6	15.3	16.5	18.2	17.7	17.8	19.6	19.5	19.2
45	12.7	14.7	15.7	17.7	16.5	17.2	18.5	19.1	18.5
40	11.9	14.0	14.9	17.0	15.8	16.8	17.9	18.5	18.0
35	11.5	13.3	14.1	16.3	15.4	16.2	17.4	17.4	17.5
30	10.6	12.5	13.3	15.1	14.7	15.8	16.5	16.8	17.1
25	9.6	11.8	12.6	14.8	14.1	15.2	15.7	16.4	16.8
20	8.7	10.9	11.5	14.1	13.5	14.1	15.3	15.6	16.4
15	8.0	9.4	10.6	12.9	12.8	13.2	14.3	14.4	16.1
10	6.7	8.2	9.5	11.6	11.7	12.4	13.3	13.1	15.7
5	5.8	7.5	8.2	10.1	10.0	11.4	11.9	12.0	14.6

(2015년 국민체력실태조사, 문화체육관광부)

표 6-5 여성 체지방률 백분위 기준(%)

백분위＼연령	19~24	25~29	30~34	35~39	40~44	45~49	50~54	55~59	60~64
95	32.3	32.3	31.2	37.0	36.1	34.6	36.4	40.5	36.8
90	29.7	29.7	28.7	32.9	33.2	31.5	34.7	.6.1	34.8
85	28.3	27.6	27.2	31.6	32.2	30.0	32.4	33.2	33.2
80	27.1	26.8	26.6	29.8	31.3	29.3	30.4	31.7	31.9
75	26.3	26.0	25.7	29.1	29.4	28.5	29.3	30.3	30.8
70	25.5	25.2	25.1	27.4	28.8	28.0	28.1	29.5	29.6
65	25.1	24.6	24.4	26.6	27.1	27.3	27.4	28.3	28.8
60	24.6	24.1	23.9	26.0	26.5	26.5	26.8	27.6	28.0
55	24.0	23.2	23.6	25.4	25.7	25.4	26.3	26.5	27.0
50	23.6	22.5	23.3	24.7	25.1	24.7	25.6	26.0	26.8
45	23.2	22.0	23.1	24.0	24.3	23.7	25.2	24.9	26.1
40	22.6	21.6	22.4	23.3	23.4	23.0	24.4	24.6	25.4
35	22.0	21.0	21.8	22.7	22.8	22.8	23.4	24.0	24.1
30	21.2	20.8	21.3	21.4	21.9	21.8	22.7	23.3	23.7
25	20.4	20.2	20.5	20.4	21.3	20.7	21.8	22.5	22.8
20	19.7	19.4	19.7	19.7	20.2	20.1	21.0	21.3	21.7
15	19.0	18.6	18.9	19.2	19.8	19.4	19.7	20.6	21.2
10	18.2	17.8	18.4	18.2	19.3	18.6	18.4	19.6	20.4
5	16.1	17.1	17.0	16.7	17.6	17.4	16.1	17.9	18.1

(2015년 국민체력실태조사, 문화체육관광부)

수중체중법(Hydrodensitometry Weighing)

수중체중법은 체지방을 측정하는 여러 방법 중 가장 표준이 되는 정확한 측정법으로 아르키메데스 원리를 이용하여 측정하는 방법이다. 신체부피가 물속으로 잠기면서 넘치는 물의 무게만큼의 부력을 받아 동일한 저항력이 발생하고 부력은 대기체중과 수중체중 차이에 의해 측정된다. 이 원리에 의하여 신체밀도를 산출하고 Brozek 등과 Siri공식을 통해 체지방률을 구할 수 있다.

측정방법

1) 수중탱크에 사람이 들어갈 잠길 정도의 높이까지 충분하게 물을 채운 후 피검자의 수영모와 수영복 무게 및 수중탱크 내 저울 의자 무게를 측정한다.
2) 피검자는 수영모와 수영복을 착용하고 폐내 공기는 최대한 배출하고 수중 탱크 안에 저울 의자에 올라간 후 5~10초 정도 호흡을 정지한 상태에서 수중 체중을 측정한다.
3) 피검자의 수중체중을 구하기 위해 총 수중체중에서 체중을 제외한 저울 의자, 수영모, 수영복 무게를 뺀다.
4) 잔기용적은 개인 체밀도간의 편차가 발생할 수 있으므로 추정치(평균 남성: 1.31ℓ, 평균 여성: 1.01ℓ)를 이용한다.
5) 다음의 표를 참고하여 물의 밀도와 온도를 기록한다.

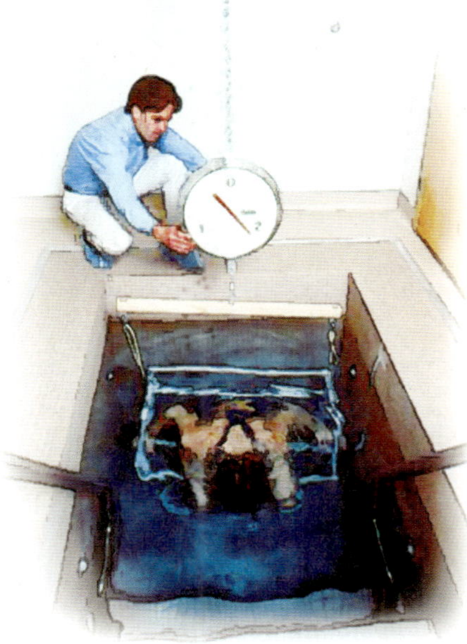

그림 6-2 수중체중법

표 6-6 수중 온도에 따른 물의 밀도 (단위: g/cm²)

온도 (C°)	0	1	2	3	4	5	6	7	8	9
20		0.998	0.9978	0.9975	0.9973	0.9971	0.9968	0.9965	0.9963	0.996
30	0.9957	0.9954	0.9951	0.9947	0.9944	0.9941	0.9937	0.9934	0.993	0.9926

1) 신체밀도 산출공식

$$\text{신체밀도}\left(\frac{kg}{\ell}\right) = \frac{\text{대기체중(kg)}}{\dfrac{\text{대기체중(kg)}-\text{수중체중(kg)}}{\text{물의 밀도}\left(\frac{kg}{\ell}\right)} - \text{잔기량(남:1.31}\ell\text{, 여:1.01}\ell\text{)}}$$

2) 신체밀도를 이용하여 체지방률을 구하는 공식

Brozek 등(1963) 공식: 체지방률(%) = (457/신체밀도 − 414.2) × 100

Siri(1961) 공식: 체지방률(%) = (495/신체밀도 − 450) × 100

피부두겹법(Skinfold Caliper Technique)

피부아래에 쌓인 지방은 체지방과 높은 상관을 가지고 있어 체내 지방분포와 제지방 밀도를 추정할 수 있으며 피지후계(Skinfold caliper)를 통해 측정할 수 있다.

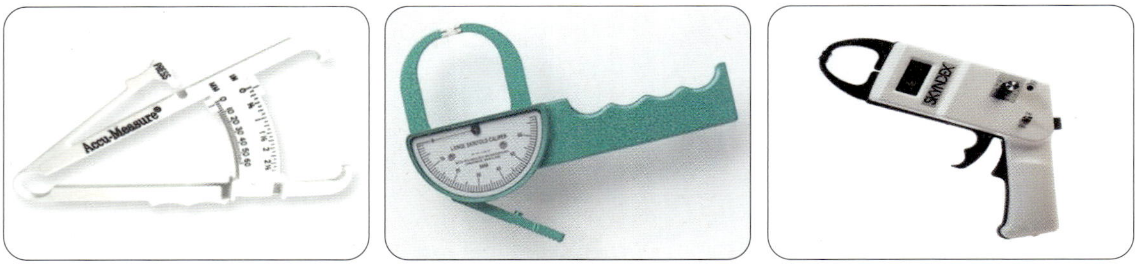

그림 6-3 다양한 종류의 피지후계(Skinfold caliper)

측정부위

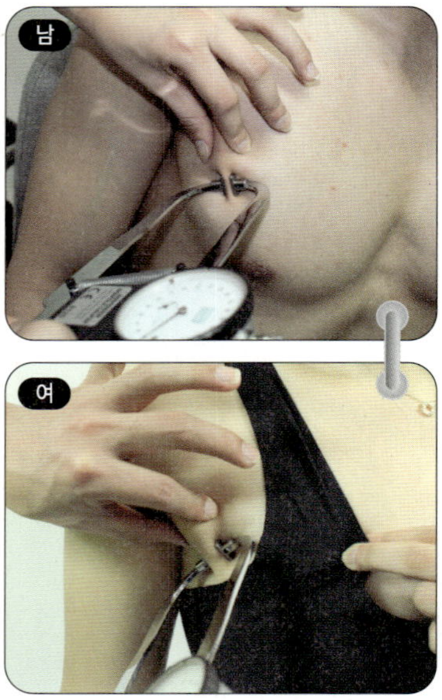

가슴앞: 겨드랑선과 젖꼭지 사이를 남성은 1/2, 여성은 1/3 부위를 대각선으로 잡는다.

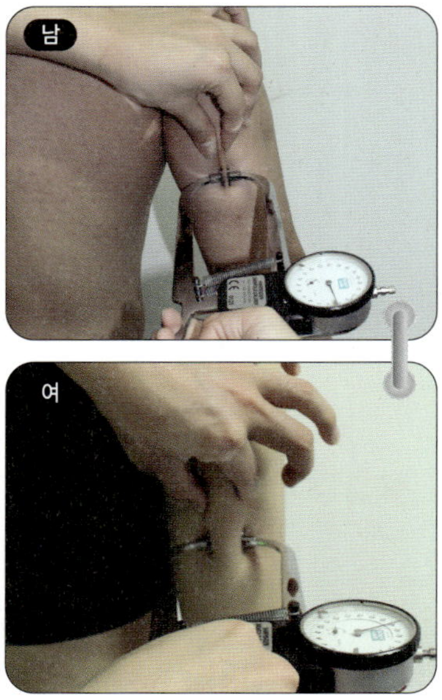

위팔뒤: 어깨봉우리와 팔꿈치 중간부위 뒷면을 수직으로 잡는다.

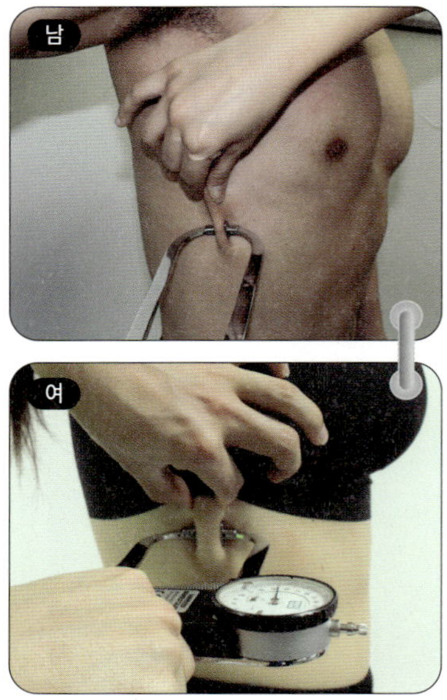

겨드랑중간: 복장뼈의 칼돌기 높이에서 중간겨드랑선을 수직으로 잡는다.

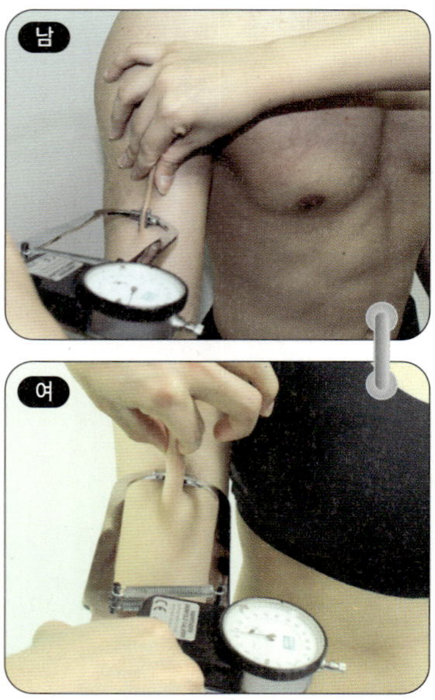

위팔앞: 어깨봉우리와 팔꿈치 중간부위 위팔앞면을 수직으로 잡는다.

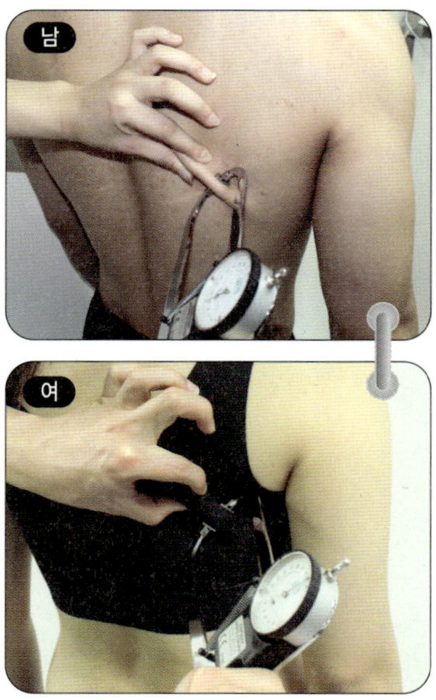

어깨뼈아래: 어깨뼈 아래각에서 1~2cm 아래를 대각선으로 잡는다.

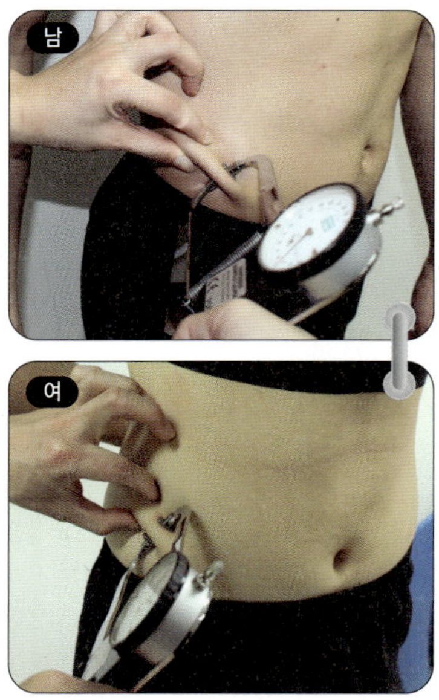

엉덩뼈능선: 엉덩뼈능선 바로위 지점인 앞면 겨드랑이선과 엉덩뼈능과 자연스럽게 각을 이루는 선을 대각으로 잡는다.

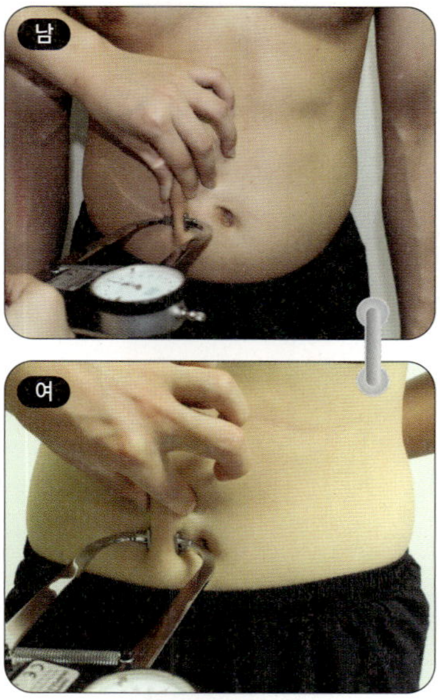

복부: 배꼽에서 오른쪽으로 2cm 옆으로 간 부위를 수직으로 잡는다.

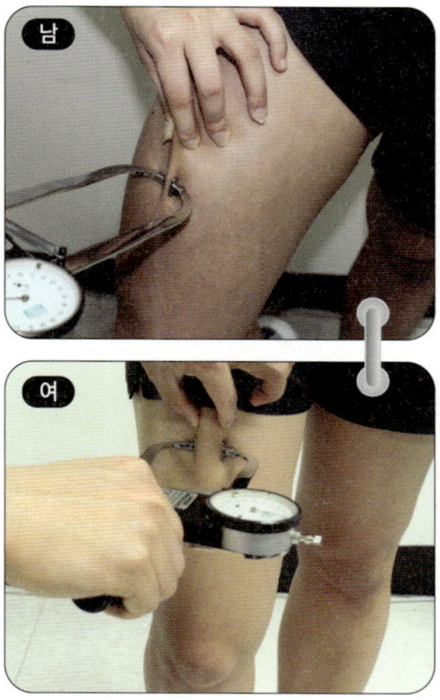

넙다리: 측정하는 발꿈치를 살짝 든 상태로 엉덩뼈와 무릎뼈 사이의 넙다리 앞면 중앙을 수직으로 잡는다.

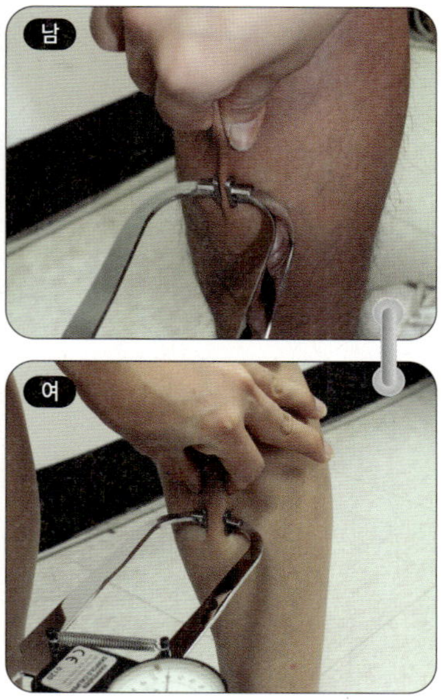

종아리중앙: 종아리의 최대 둘레에서 안쪽을 수직으로 잡는다.

측정방법

1) 검사자는 엄지와 검지로 측정 부위의 근육을 제외한 피부와 피하지방만을 잡고 1~2cm 떨어진 위치에 피지후계로 피부두겹을 측정한다.
2) 모든 부위를 2회 측정하고, 편차가 1cm 이상이면 1회를 더 측정하고, 2회 측정의 평균을 기록한다.
3) 주로 남성은 가슴, 복부, 넙다리; 여성은 위팔뒤, 엉덩뼈능선, 넙다리 3부위를 각각 측정한다.

세 부위 피부두겹 측정 후 Jackson과 Pollock (1978, 1985) 공식을 이용한 신체밀도를 계산한다.

1) 남성 신체밀도 산출공식

- 3부위 = 1.10938 – 0.0008267(Y1) + 0.0000016(Y1)2 – 0.0002574(나이)
- 3부위 = 1.1125025 – 0.0013125(Y2) + 0.0000055(Y2)2 – 0.0002440(나이)
- 7부위 = 1.112 – 0.00043499(Y3) + 0.0000055(Y3)2 – 0.00028826(나이)

Y1: 가슴 + 복부 + 넙다리
Y2: 가슴 + 위팔뒤 + 어깨뼈아래
Y3: 위팔뒤 + 복부 + 엉덩뼈능선 + 넙다리 + 가슴 + 어깨뼈아래 + 겨드랑중간

2) 여성 신체밀도 산출공식

- 3 부위 = 1.0994921 – 0.0009929(X1) + 0.0000023(X1)2 – 0.1110392(나이)
- 3 부위 = 1.089733 – 0.0009245(X2) + 0.0000025(X2)2 – 0.0000979(나이)
- 7 부위 = 1.097 – 0.00046971(X3) + 0.0000056(X3)2 – 0.00012828(나이)

X1: 위팔뒤 + 엉덩뼈능선 + 넙다리
X2: 위팔뒤 + 엉덩뼈능선 + 복부
X3: 위팔뒤 + 복부 + 엉덩뼈능선 + 넙다리 + 가슴 + 어깨뼈아래 + 겨드랑중간

3) 신체밀도를 이용하여 체지방률을 구하는 공식

Siri(1961) 공식: 체지방률(%) = (495/신체밀도 − 450) × 100

신체질량지수법(Body Mass Index: BMI)

신체질량지수법은 신장에 따른 체중을 통해 비만도를 평가하며, 체중(kg)을 신장(m) 제곱 값으로 나누어 계산한다. 나라마다 비만기준이 다르며, 우리나라의 경우 신체질량지수가 25를 초과하게 되면 비만으로 정의한다. 다음 그래프와 같이 신체질량지수가 너무 낮거나 높아지면 사망률의 위험도 높아지게 된다. 아래의 공식과 표를 통해 비만도를 확인할 수 있다.

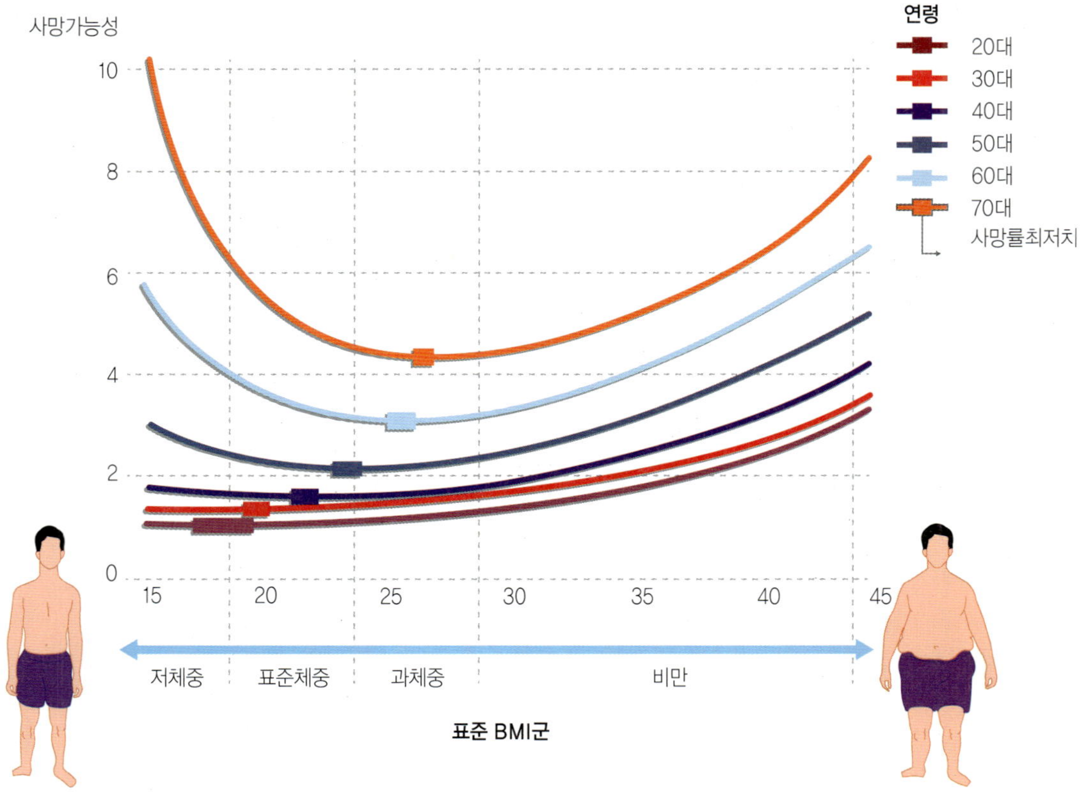

그림 6-4 연령에 따른 체중별 사망률의 변화

$$신체질량지수(BMI) = \frac{체중(kg)}{신장(m^2)}$$

표 6-7 신체질량지수(BMI)

저체중 / 정상체중 / 과체중 / 비만 / 고도비만

체중	lbs	100	105	111	115	120	125	130	135	140	145	150	155	160	165	170	175	180	185	190	195	200	205	210	215
	kg	45.5	47.7	50.0	52.3	54.5	56.8	59.1	51.4	63.6	65.9	68.2	70.5	72.7	76.0	77.3	79.5	81.8	84.1	86.4	88.6	90.9	93.2	95.5	97.7
신장	in/cm																								
5′0″	152.4	19	20	21	22	23	24	25	26	27	28	29	30	31	32	33	34	35	36	37	38	39	40	41	42
5′1″	154.9	18	19	20	21	22	23	24	25	26	27	28	29	30	31	32	33	34	35	36	36	37	38	39	40
5′2″	157.4	18	18	20	21	22	22	23	24	25	26	27	28	29	30	31	32	33	33	34	35	36	37	38	39
5′3″	160.0	17	18	19	20	21	22	23	24	24	25	26	27	28	29	30	31	32	32	33	34	35	36	37	38
5′4″	162.5	17	18	18	19	20	21	22	23	24	24	25	26	27	28	29	30	31	31	32	33	34	35	36	37
5′5″	165.1	16	17	18	19	20	20	21	22	23	24	25	25	26	27	28	29	30	30	31	32	33	34	35	35
5′6″	167.6	16	17	17	18	19	20	21	21	22	23	24	25	25	26	27	28	29	29	30	31	32	33	34	34
5′7″	170.1	15	16	17	18	18	19	20	21	22	22	23	24	25	25	26	27	28	29	29	30	31	32	33	33
5′8″	172.7	15	16	16	17	18	19	19	20	21	22	22	23	24	25	25	26	27	28	28	29	30	31	32	32
5′9″	175.2	14	15	16	17	17	18	19	20	20	21	22	22	23	24	25	25	26	27	28	28	29	30	31	31
5′10″	177.8	14	15	15	16	17	18	18	19	20	20	21	22	23	23	24	25	25	26	27	28	28	29	30	30
5′11″	180.3	14	14	15	16	16	17	18	18	19	20	21	21	22	23	23	24	25	25	26	27	28	28	29	30
6′0″	182.8	13	14	14	15	16	17	17	18	19	19	20	21	21	22	23	23	24	25	25	26	27	27	28	29
6′1″	185.4	13	13	14	15	15	16	17	17	18	19	19	20	21	21	22	23	23	24	25	25	26	27	27	28
6′2″	187.9	12	13	14	14	15	16	16	17	18	18	19	19	20	21	21	22	23	23	24	25	25	26	27	27
6′3″	190.5	12	13	13	14	15	15	16	16	17	18	18	19	20	20	21	21	22	23	23	24	25	25	26	26
6′4″	193.0	12	12	13	14	14	15	15	16	17	17	18	18	19	20	20	21	22	22	23	23	24	25	25	26

표 6-8 BMI 정상 기준

한국 기준	
분류	BMI (kg/m²)
저체중(Underweight)	< 18.5
정상(Normal)	18.5~22.9
과체중(Overweight)	23.0~24.9
비만(Obese)	> 24.9

표 6-9 남성 신체질량지수 백분위 기준(kg/m²)

백분위＼연령	19~24	25~29	30~34	35~39	40~44	45~49	50~54	55~59	60~64
95	28.7	28.4	31.1	29.7	29.2	28.6	29.2	29.0	28.2
90	26.7	27.5	29.4	28.7	27.7	27.8	28.0	27.5	27.4
85	25.8	26.3	28.0	28.1	27.0	26.9	27.3	26.8	26.9
80	24.9	25.9	27.1	29.4	26.4	26.2	26.9	26.3	26.6
75	24.5	25.3	26.7	26.9	25.8	25.8	26.5	25.8	26.2
70	24.2	24.7	26.0	26.6	25.3	25.2	26.1	25.5	26.0
65	23.8	24.3	25.5	26.2	25.0	24.9	25.7	25.3	25.6
60	23.5	24.0	25.0	25.9	24.2	24.7	25.4	25.0	25.4
55	23.2	23.7	24.7	25.5	23.9	24.4	25.1	24.7	25.1
50	22.8	23.4	24.2	25.1	23.8	24.2	24.8	24.4	24.8
45	22.5	23.1	23.9	24.8	23.4	24.1	24.6	23.9	24.2
40	22.3	22.8	23.6	24.4	23.2	23.7	24.2	23.7	23.9
35	22.1	22.6	23.4	24.1	22.8	23.5	23.9	23.5	23.2
30	21.8	22.3	23.0	23.8	22.6	23.2	23.6	23.2	22.8
25	21.6	22.1	22.7	23.4	22.3	23.0	23.3	22.9	22.6
20	21.3	21.5	22.2	22.8	21.8	22.6	22.9	22.6	22.4
15	20.9	21.1	22.0	22.2	21.3	22.2	22.3	22.3	22.2
10	20.2	20.6	21.1	21.8	20.3	21.6	21.5	21.7	21.9
5	19.3	19.8	20.6	21.1	20.1	21.0	20.5	20.8	21.1

(2015년 국민체력실태조사, 문화체육관광부)

표 6-10 여성 신체질량지수 백분위 기준(kg/m^2)

백분위 \ 연령	19~24	25~29	30~34	35~39	40~44	45~49	50~54	55~59	60~64
95	25.3	24.6	26.0	27.8	27.2	27.3	28.0	29.3	29.9
90	23.7	23.9	24.6	25.7	26.1	26.6	26.8	27.8	29.6
85	22.9	23.3	23.6	24.9	25.2	26.0	25.9	27.0	28.1
80	22.5	22.5	22.8	24.2	24.5	25.5	25.4	26.2	26.7
75	21.8	21.8	22.4	23.7	24.1	25.1	24.8	25.5	26.0
70	21.5	21.6	22.1	23.5	23.7	24.4	24.5	24.9	25.5
65	21.2	21.3	21.9	23.1	23.3	24.2	24.0	24.6	25.1
60	20.9	20.9	21.7	22.6	23.1	23.8	23.7	24.2	24.8
55	20.6	20.8	21.5	22.3	22.8	23.4	23.3	23.9	24.4
50	20.4	20.6	21.2	21.9	22.5	23.1	23.2	23.7	24.0
45	20.2	20.4	20.9	21.4	22.3	22.7	22.8	23.2	23.5
40	19.9	20.1	20.6	21.3	22.0	22.3	22.5	23.0	23.1
35	19.6	19.9	20.5	21.1	21.7	22.2	22.0	22.7	22.9
30	19.5	19.6	20.1	20.8	21.5	21.9	21.8	22.4	22.4
25	19.3	19.0	19.7	20.4	21.2	21.3	21.4	22.1	22.2
20	18.9	18.8	19.5	20.1	20.8	21.3	21.2	21.5	21.8
15	18.4	18.6	19.0	19.6	20.3	20.9	21.0	20.9	21.5
10	18.0	18.1	18.6	18.8	19.8	20.6	20.3	20.3	21.2
5	17.3	17.6	17.7	18.1	19.4	19.8	19.8	19.8	20.1

(2015년 국민체력실태조사, 문화체육관광부)

둘레측정법(Circumference Measurements)

둘레측정 가운데 복부비만을 예측할 수 있는 허리둘레는 대상증후군과 관상동맥질환 등 건강상의 위험을 파악하는데 중요한 요소이다. 국내기준으로 남성은 90cm, 여성은 85cm 이상이면 비만으로 정의되며 대사질환과의 상관도 높아진다.

측정부위와 방법

가슴

1) 숨을 최대한 내뱉고 양팔을 어깨 높이로 올린다.
2) 유두점을 수평으로 잰다.
3) 2회 측정하고, 편차가 1cm 이상이면 1회를 더 측정하고, 2회 측정의 평균을 기록한다.

위팔

1) 바로 선 자세에서 팔은 자연스럽게 옆에 둔다.
2) 어깨와 팔꿈치 사이 위팔 중앙둘레를 수평으로 잰다.
3) 2회 측정하고, 편차가 1cm 이상이면 1회를 더 측정하고, 2회 측정의 평균을 기록한다.

허리

1) 발을 모으고 차려 자세를 한다.
2) 숨을 내뱉은 상태에서 몸통의 가장 가는 둘레를 수평으로 잰다.

3) 2회 측정하고, 편차가 1cm 이상이면 1회를 더 측정하고, 2회 측정의 평균을 기록한다.

복부

1) 발을 모으고 차려 자세를 한다.
2) 숨을 내뱉은 상태에서 엉덩뼈 높이의 둘레를 수평으로 잰다.
3) 2회 측정하고, 편차가 1cm 이상이면 1회를 더 측정하고, 2회 측정의 평균을 기록한다.

엉덩이

1) 발을 모으고 차려 자세를 한다.
2) 엉덩이의 최대둘레를 수평으로 잰다.
3) 2회 측정하고, 편차가 1cm 이상이면 1회를 더 측정하고, 2회 측정의 평균을 기록한다.

넙다리

1) 바로 선 자세에서 한쪽 다리는 지지대에 올려 무릎을 직각으로 굽힌다.
2) 측정 다리의 샅굴 부위 주름과 무릎뼈 사이 중앙둘레를 수평으로 잰다.
3) 2회 측정하고, 편차가 1cm 이상이면 1회를 더 측정하고, 2회 측정의 평균을 기록한다.

종아리

1) 양 발을 20cm 정도 벌린 바로 선 자세를 한다.
2) 무릎과 발목 사이의 최대둘레를 수평으로 잰다.
3) 2회 측정하고, 편차가 1cm 이상이면 1회를 더 측정하고, 2회 측정의 평균을 기록한다.

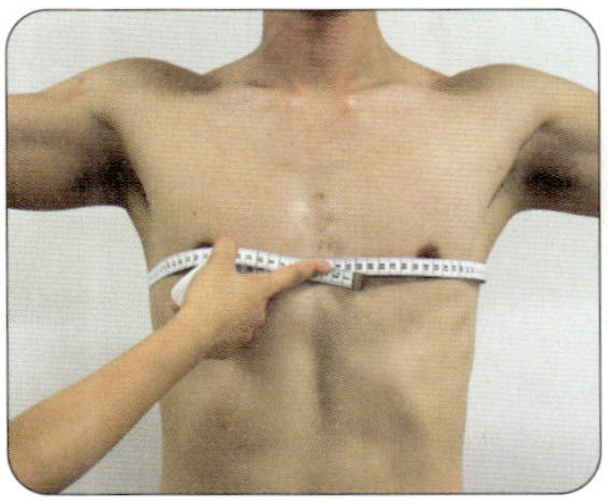
가슴

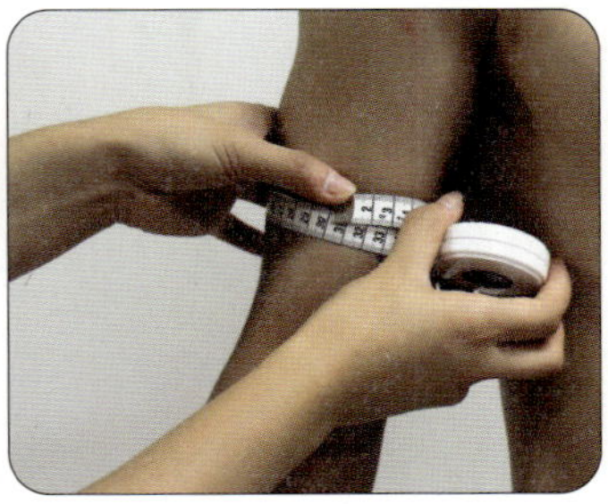
위팔

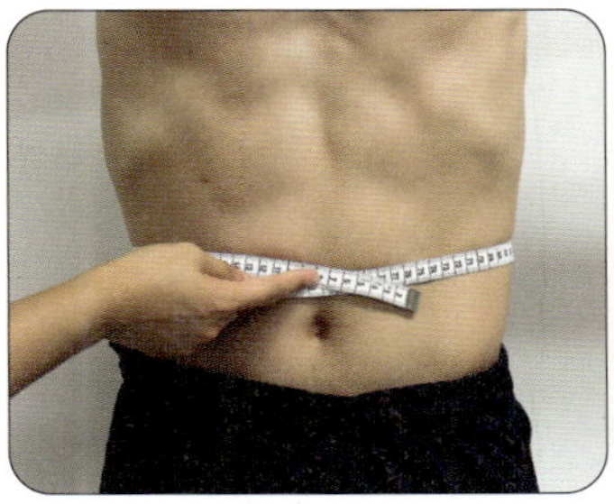
허리

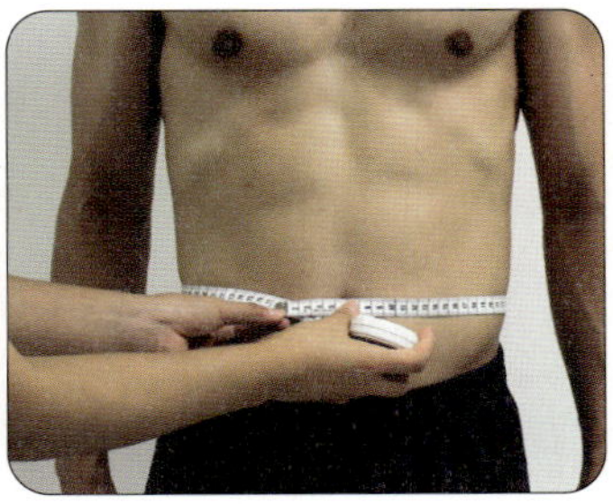
복부

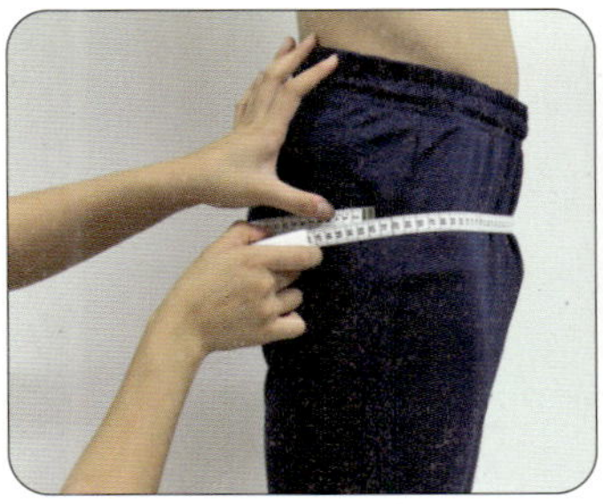
엉덩이

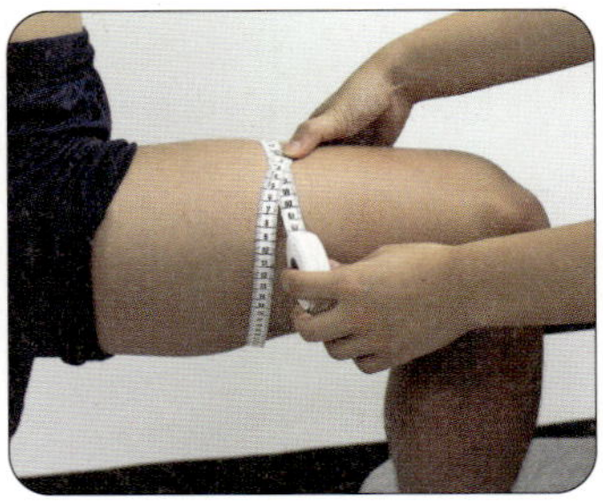
넙다리

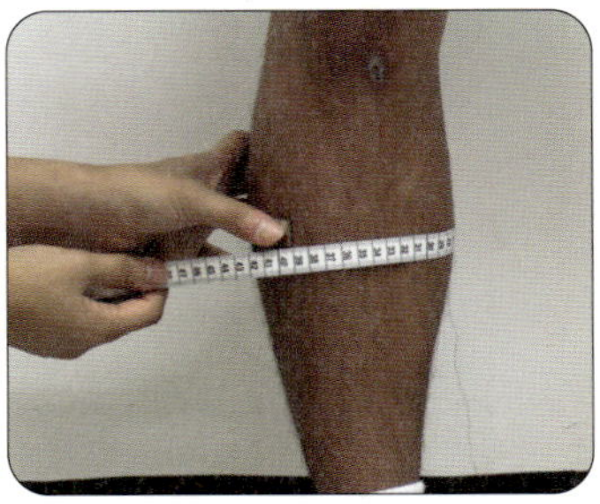
종아리

허리-엉덩이 비율(Waist-to-Hip Ratio)

상체와 하체의 지방분포 비율을 알 수 있으며 지방분포와 관련된 대사질환의 예측 자료로도 활용되고 있다. 허리와 엉덩이 둘레를 측정하고 비율을 계산하는데 남성의 경우 0.95 이상, 여성의 경우 0.86 이상이면 건강에 대한 위험도가 증가하게 된다.

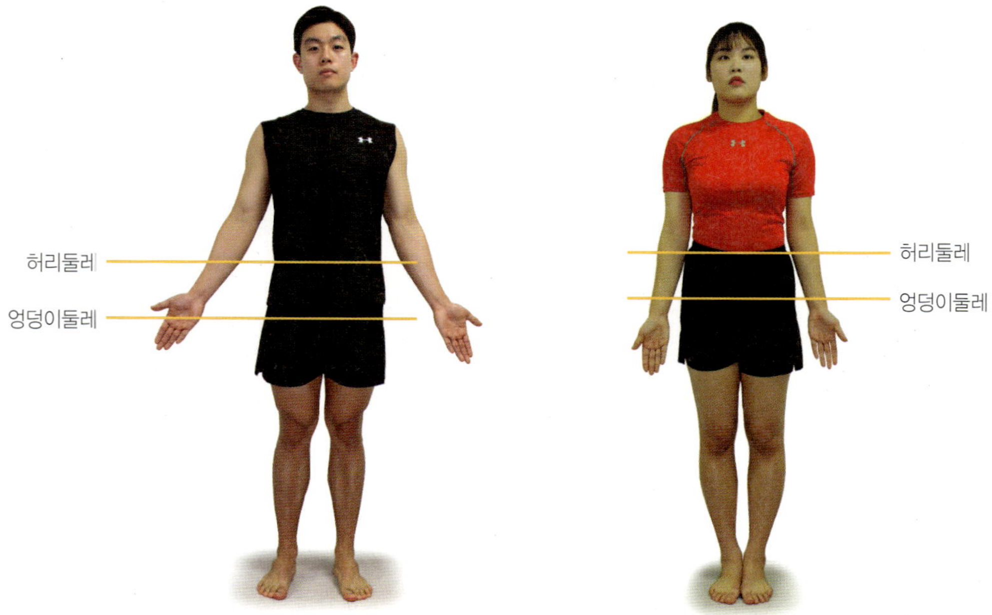

그림 6-6 허리둘레와 엉덩이둘레 측정 부위

측정방법

1) 허리둘레는 허리둘레의 측정과 동일한 방법으로 측정한다.
2) 엉덩이둘레는 엉덩이둘레 측정과 동일한 방법으로 측정한다.
3) 허리둘레 수치를 엉덩이둘레 수치로 나눈다.

$$\text{허리-엉덩이 비율(WHR)} = \frac{\text{허리둘레(cm)}}{\text{엉덩이둘레(cm)}}$$

생체 전기 임피던스법(Bio Impedance Analysis)

생체 전기 임피던스법은 인체에 미세한 전류를 통과시켜 체내 저항값(Impedance)의 차이로 체지방과 제지방 체중을 측정하는 방법으로 상대적으로 정확하고 측정이 빠르며 간편하다. 근육과 체수분은 전기 저항이 낮아 전류의 흐름이 용이하고 체내 지방은 수분이 거의 없기 때문에 전기전도성이 거의 없는 절연체로 전기 저항이 높고 전류의 흐름이 용이하지 않아 전류간의 차이를 통해 분석할 수 있다.

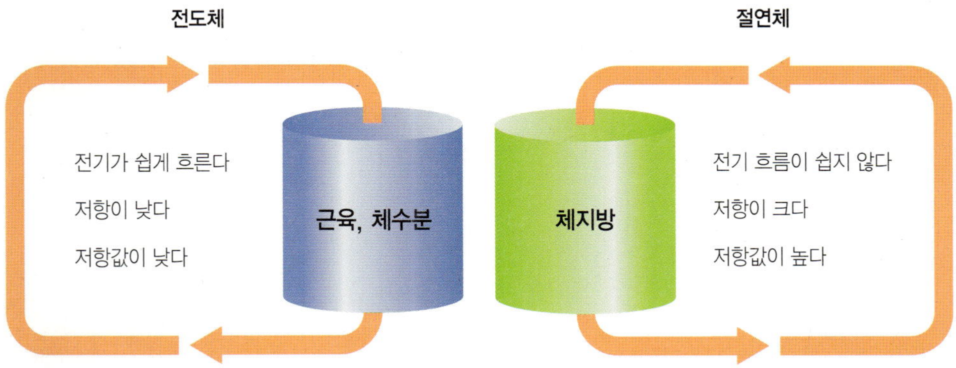

그림 6-7 생체 전기 임피던스법의 원리

생체 전기 임피던스법으로 제지방(Fat free mass)을 추정하는 공식

남성 제지방(FFA) = [0.485 x 신장²(cm) x 저항(Ω)] + 0.338 x 체중(kg) + 3.52

여성 제지방(FFA) = [0.475 x 신장²(cm) x 저항(Ω)] + 0.295 x 체중(kg) + 5.49

기타 측정법

이중에너지 X-선 흡수측정법(Dual Energy X-ray Absorptiometry)

골다공증을 진단하는 목적으로 주로 사용되며, 피부조직에 다양한 에너지를 가진 광양자를 피부조직에 통과시키고 스캐너를 이용하여 총지방량과 제지방 조직의 에너지 흐름을 분석한다.

근적외선 분광기(Near-Infrared Interactance)

빛의 흡수와 반사 원리에 기초하여 측정하는 방법으로 광학섬유 탐색 침을 신체부위에 부착하고 적외선을 발사시키면 주파수가 방출되면서 피하지방과 근육을 투과하게 되는데 근육은 반사되고 체지방은 흡수하여 빛 사이의 차이를 계산하여 분석한다.

핵자기영상공명법(Magnetic Resonance Imaging)

강한 자기장을 형성하여 전자자기장의 방출이 인체 수분과 지질 분자의 핵을 자극하면 핵이 재배치 되면서 감지 가능한 신호가 송출되고 총 지방조직량과 피하지방량을 정량화하여 정밀하게 분석한다.

전산단층조영술(Computed Tomography)

X-ray 광선이 밀도가 다른 여러 신체조직의 분절을 통과할 때 횡단면의 영상을 2차원적으로 획득하는 방식으로 주로 피하지방과 내장지방을 정량화할 때 사용하는 측정 방법이다.

실습활동 6-1 2~3명씩 조를 구성하여 각 부위의 둘레와 피부두겹을 측정해보자.

체중(kg)

신장(cm)

둘레(cm)

가슴

위팔

허리

복부

엉덩이

넙다리

종아리

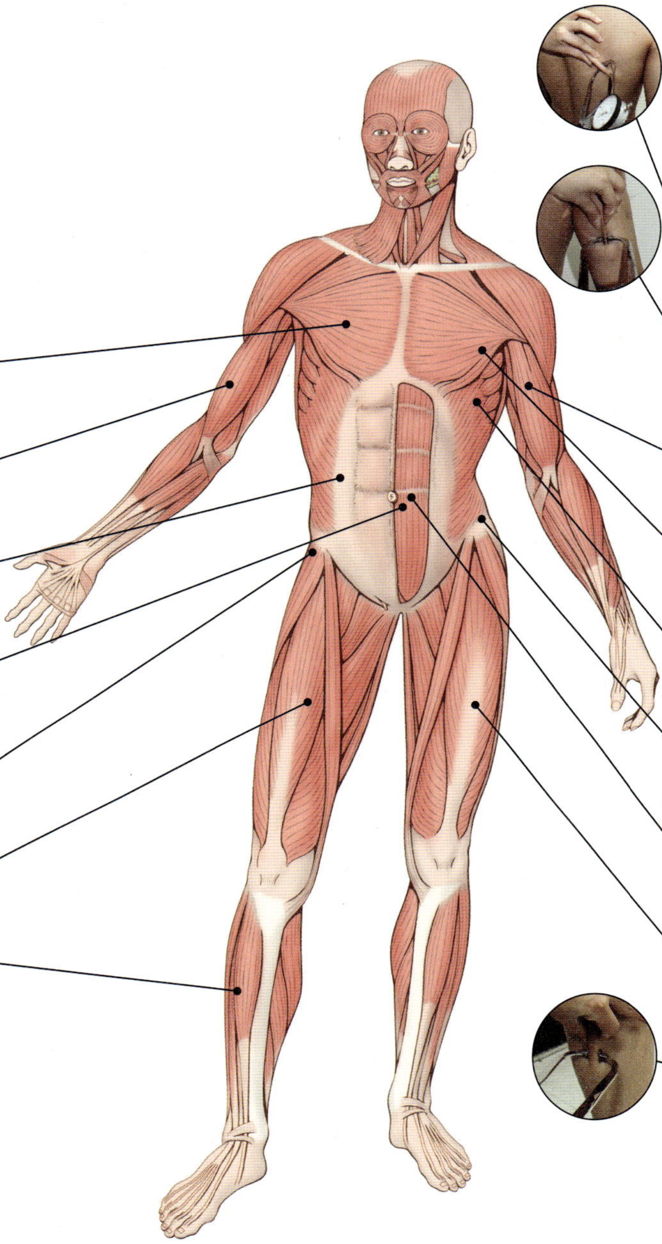

피부두겹(mm)

어깨뼈아래

위팔(뒤)

위팔(앞)

가슴

겨드랑중간

엉덩뼈능선

복부

넙다리

종아리중앙

참고문헌

1. 국민체력실태조사(2013). 국민체육진흥공단 한국체육과학연구원. 문화체육관광부.
2. 운동생리학(2014). 한국운동생리학회. 한미의학.
3. 운동검사 운동처방지침(2014). 김완수 외. 한미의학.
4. Donatelle, R. J. (2014). Access to health (13th ed.). New York, NY: Pearson.
5. Howley, E. T., & Thompson, D. L. (2017). Fitness professional's handbook (6th ed.). Champaign, IL: Human Kinetics.
6. Kolkhorst, F. W., & Bouno M. J. (2004). Virtual exercise physiology laboratory. Baltimore, MD: Lippincott Williams & Wilkins.

CHAPTER 7

심폐지구력검사

Cardiorespiratory Fitness Assessment

심폐지구력은 장시간 동안 강도 있는 대근육군의 활동을 지속할 수 있는 건강체력으로 전신지구력이라고도 한다. 심폐지구력을 예측하는 가장 중요한 지표는 최대산소섭취량($\dot{V}O_{2max}$)으로 사이클링, 조깅, 수영 등 다양한 스포츠와 운동경기를 성공적으로 수행하는데 요구되는 기능적 능력이다. 최대산소섭취량은 심장과 폐의 기능과 혈액순환 능력에 따라서도 좌우되기 때문에 심혈관질환과 폐질환의 임상적 징후나 예후를 발견하는데도 중요한 역할을 한다. 심폐지구력을 평가하는 것은 저렴한 비용에서 상당한 비용과 시간이 소요되는 실험실 검사 등으로 다양하다. 트레드밀이나 자전거 에르고미터 장비는 상대적으로 정확한 최대산소섭취량을 측정할 수 있으며, 대상자에 따라 발생할 수 있는 오차가 적은 장점이 있으나 실험실과 고가의 장비 및 높은비용이 요구된다. 스텝검사나 필드검사는 정확한 최대산소섭취량을 측정하기는 어렵지만 비용이 적게 들고 짧은 시간동안 많은 대상자를 측정할 수 있는 장점이 있다.

그림 7-1 심폐지구력이 요구되는 수영과 마라톤

트레드밀 검사

트레드밀은 회전벨트 위에서 경사도와 회전속도를 변화시키면서 운동부하를 조절하는 것으로 실험실에서 최대심박수, 최대산소섭취량, 환기량, 젖산역치 등의 심폐능력을 측정할 때 사용되는 대표적인 장비이다. 대부분의 근육이 동원되는 트레드밀 검사에서는 최대산소섭취량이 가장 높게 측정되지만 장비가 고가이고 이동이 어렵다는 단점이 있다.

그림 7-2 트레드밀 장비

운동량 = 체중 x 수직거리(속도 x 시간 x 경사각)

표 7-1 트레드밀 걷기와 달리기로 산출되는 산소섭취량(ml/kg/min) 공식

운동 종류	안정시 요소	수평 요소	수직 요소	제한범위
걷기	3.5	0.1 x 속도(m/min)	1.8 x 속도(m/minx경사도(%))	50~100m/min 속도에서 정확함
달리기	3.5	0.2 x 속도(m/min)	0.9 x 속도(m/minx경사도(%))	> 135m/min 속도에서 정확함

진단이나 예후를 위한 목적으로 측정하는 임상 운동부하검사를 위하여 트레드밀을 사용하는 경우에는 다양한 프로토콜(Bruce, Balke, Naughton, Kattus protocol) 등을 활용하게 된다. 프로토콜은 검사의 목적, 피검자의 특성 등을 고려하여 선택해야 한다.

FUNCTIONAL CLASS	CLINICAL STATUS	O_2 COST ml/kg/min	METS	BICYCLE ERGOMETER (FOR 70 KG BODY WEIGHT Kpm/min (WATTS))
NORMAL AND I	HEALTHY, DEPENDENT ON AGE, ACTIVITY	73.5	21	
		70	20	
		66.5	19	
		63	18	
		59.5	17	
		56.0	16	
		52.5	15	
		49.0	14	1500 (246)
		45.5	13	
		42.0	12	1350 (221)
		38.5	11	1200 (197)
	SEDENTARY HEALTHY	35.0	10	1050 (172)
		31.5	9	900 (148)
		28.0	8	750 (123)
	LIMITED	24.5	7	
II	SYMPTOMATIC	21.0	6	600 (98)
		17.5	5	450 (74)
III		14.0	4	300 (49)
		10.5	3	150 (24)
		7.0	2	
IV		3.5	1	

TREADMILL PROTOCOLS

BRUCE (3 MIN STAGES MPH / %AGR)		RAMP (PER 30 SEC MPH / %GR)		BRUCE RAMP (PER MIN MPH / %GR)		BALKE-WARE (%GRADE AT 3.3 MPH 1 MIN STAGES)
5.5	20	3.0	25.0	5.8	20	26
5.0	18	3.0	24.0	5.6	19	25
4.2	16	3.0	23.0	5.3	18	24
3.4	14	3.0	22.0	5.0	18	23
2.5	12	3.0	21.0	4.8	17	22
1.7	10	3.0	20.0	4.5	16	21
		3.0	19.0	4.2	16	20
		3.0	18.0	4.1	15	19
		3.0	17.0	3.8	14	18
		3.0	16.0	3.4	14	17
		3.0	15.0	3.1	13	16
		3.0	14.0	2.8	12	15
		3.0	13.0	2.5	12	14
		3.0	12.0	2.3	11	13
		3.0	11.0	2.1	10	12
		3.0	10.0	1.7	10	11
		3.0	9.0	1.3	5	10
		3.0	8.0	1.0	0	9
		3.0	7.0			8
		3.0	6.0			7
		3.0	5.0			6
		3.0	4.0			5
		3.0	3.0			4
		3.0	2.0			3
		3.0	1.0			2
		3.0	0			1
		2.5	0			
		2.0	0			
		1.5	0			
		1.0	0			
		0.5	0			

USAFSAM (MPH / %GR)		"SLOW" USAFSAM (MPH / %GR)		MODIFIED BALKE (MPH / %GR)		ACIP (MPH / %GR)		MOD. NAUGHTON (CHF) (MPH / %GR)	
3.3	25	2	25	3.0	25	3.4	24.0	3.0	25
3.3	20	2	20	3.0	22.5	3.1	24.0	3.0	22.5
3.3	15	2	15	3.0	20	3.0	21.0	3.0	20
3.3	10	2	10	3.0	17.5	3.0	17.5	3.0	17.5
3.3	5	2	5	3.0	15	3.0	14.0	3.0	15
3.3	0	2	0	3.0	12.5	3.0	10.5	3.0	12.5
2.0	0			3.0	10	3.0	7.0	3.0	10
				3.0	7.5	3.0	3.0	3.0	7.5
				3.0	5	2.5	2.0	2.0	10.5
				3.0	2.5	2.0	0.0	2.0	7.0
				3.0	0			2.0	3.5
				2.0	0			1.5	0
								1.0	0

그림 7-3 임상운동검사를 위한 다양한 트레드밀 프로토콜
ACSM's Guidelines for Exercise Testing and Prescription, 9th Edition.

자전거 에르고미터 검사

고정식 자전거 에르고미터는 자전거 플라이휠의 회전수와 페달에 가해지는 저항 또는 장력(kilopound: kp)을 변화시켜 운동강도를 조절하는 장비로 자전거 벨트의 장력이 높아지면 플라이휠의 마찰력이 증가하여 페달의 저항이 높아지는 원리이다. 상체는 고정되어 있으므로 심박수, 혈압, 심전도 등 측정이 용이하고 이동이 간편하지만 하체 근육을 주로 사용하고 국부적인 피로로 인해 운동을 중단하는 경우 최대산소섭취량이 낮게 측정되는 단점이 있다.

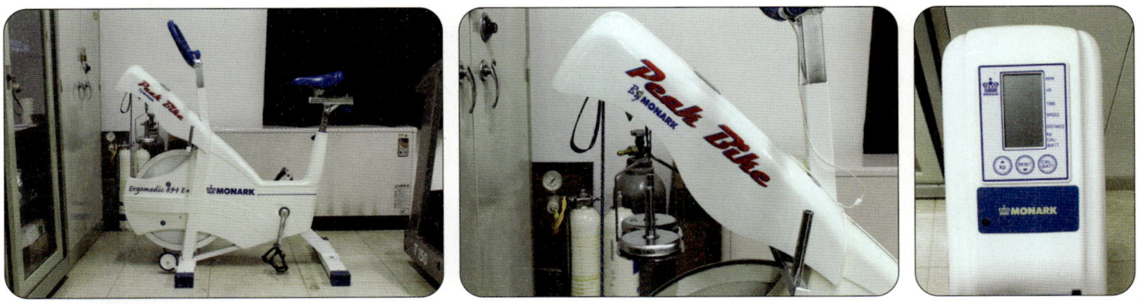

그림 7-4 모나크사의 자전거 에르고미터

운동량 = 저항(kp) × 회전수(revolutions per min: rpm) × 플라이휠 거리(m/revolution)

YMCA 자전거 에르고미터 검사

YMCA 자전거 에르고미터 검사는 피검자의 체력수준을 고려하여 측정하는 다단계법 검사로 측정 중에 발생할 수 있는 부상이나 심장의 문제를 최소화 할수 있는 유용한 방법이다. 이 검사는 4단계의 운동을 수행한 후 심박수를 측정하고 심박수와 운동강도와의 관계를 이용하여 최대산소섭취량을 추정해낸다.

측정절차

- 고정식 자전거 에르고미터를 수평면에 설치하고 피검자에 맞춰 핸들과 안장 높이를 조정한다.
- 상체를 기울이고 페달이 가장 밑에 있을 때 무릎을 살짝 구부린 정도(−25°)가 적절한 안장 높이가 된다.
- 페달 부분에 발끈을 조여 발을 페달에 고정시킨다.

측정방법

- 1단계는 장력을 0.5kg으로 하고 회전수(rpm)는 분당 50회로 설정한다.
- 모나크사(Monark)의 자전거 에르고미터는 페달로 플라이휠을 돌릴 때 회전하는 거리가 6미터로 1단계의 운동량은 150kpm이 된다(0.5kp × 50rpm × 6m).
- 2단계는 1단계 2분 30초에서 3분까지 측정한 심박수가 80회/분 미만일 경우, 운동량을 750kpm (2.5kp, 50rpm), 80회/분 이상일 경우 600kpm (2.0kp, 50rpm), 90~100회/분일 경우 450kpm (1.5kp, 50rpm), 100회/분 이상일 경우 300kpm (1.0kp, 50rpm)으로 설정하여 페달링한다.
- 3, 4단계에서는 운동량에 따라 2단계 부하량 이하로 설정하여 운동한다.
- 연령으로 예측한 최대심박수의 85%를 초과하지 않도록 한다.

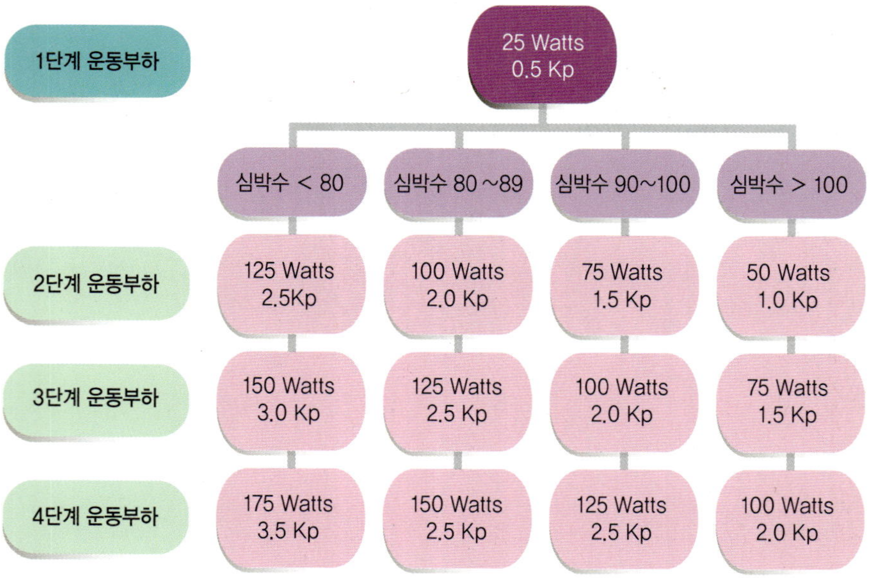

그림 7-5 YMCA 자전거 에르고미터 검사 프로토콜

YMCA 최대하 자전거 에르고미터로 검사한 운동량으로부터 추정한 최대산소섭취량 기준치가 아래 표에 제시되어 있다.

표 7-2 YMCA 최대하 자전거 에르고미터로 검사한 운동량으로부터 추정한 최대산소섭취량

		Max $\dot{V}O_2$(ml/kg/min) – 남성 기준					
		나이					
%		18~25	26~35	36~45	46~55	56~65	over 65
100	우수	100	95	90	83	65	53
95		75	66	61	55	50	42
90		65	60	55	49	43	38
85	좋음	60	55	49	45	40	34
80		56	52	47	43	38	33
75		53	50	45	40	37	32
70	평균 이상	50	48	43	39	35	31
65		49	45	41	38	34	30
60		48	44	40	36	33	29
55	평균	45	42	38	35	32	28
50		44	40	37	33	31	27
45		43	39	36	32	30	26
40	평균 이하	42	38	35	31	28	25
35		39	37	33	30	27	24
30		38	34	31	29	26	23
25	나쁨	36	33	30	27	25	22
20		35	32	29	26	23	21
15		32	30	27	25	22	20
10	매우 나쁨	30	27	24	24	21	18
5		26	24	21	20	18	16
0		20	15	14	13	12	10
		Max $\dot{V}O_2$(ml/kg/min) – 여성 기준					
		나이					
%		18~25	26~35	36~45	46~55	56~65	Over 65
100	우수	95	95	75	72	58	55
95		69	65	56	51	44	48
90		59	58	50	45	40	34
85	좋음	56	53	46	41	36	31
80		52	51	44	39	35	30
75		50	48	42	36	33	29
70	평균 이상	47	45	41	35	32	28
65		45	44	38	34	31	27
60		44	43	37	32	30	26
55	평균	42	41	36	31	28	25
50		40	40	34	30	27	24
45		39	37	33	29	26	23
40	평균 이하	38	36	32	28	25	22
35		37	35	30	27	24	21
30		35	34	29	26	23	20
25	나쁨	33	32	28	25	22	19
20		32	30	26	23	20	18
15		20	28	25	22	19	17
10	매우 나쁨	27	25	24	20	18	16
5		24	22	20	18	15	14
0		15	14	12	11	10	10

스텝검사(Step Test)

스텝의 높이와 횟수를 변경시켜 운동강도를 조정하고 측정하는 방법으로 트레드밀 검사와 같이 많은 근육이 동원되며, 고가의 장비나 전문적인 기술이 없어도 짧은시간 내에 다수의 대상자를 평가하는 장점이 있다. 반면에 운동강도를 다양하게 조정하기가 어렵고 측정시 신체의 움직임이 크기 때문에 심박수, 혈압, 심전도 등의 생리학적 변인을 측정하기가 어렵다. 스텝검사의 종류에는 하버드 스텝검사(Harvard step test), 퀸즈 칼리지 스텝검사(Queens college step test or McArdle test), YMCA 3분 스텝검사(YMCA 3-minute step test) 등이 있다.

하버드 스텝검사(Harvard Step Test)

- 충분한 준비운동을 실시한 후 측정 전 네 박자의 오르내리기 스텝을 연습해본다.
- 피검자는 20인치(50cm)의 스텝 박스에서 1분간에 30회의 오르내리기를 한다.
- 동작은 스텝 박스 위에 완전히 올라서며 차려 자세로 무릎에 손을 대지 않고 곧게 서서 실시한다.
- 스텝은 메트로놈(Metronome)이나 구령에 맞춰 움직인다.
- 5분간 지속해야 하며 측정이 끝난 직후 1분에서 1분 30초, 2분에서 2분 30초, 3분에서 3분 30초의 심박수를 측정하고 기록한다.

그림 7-6 하버드 스텝검사

공식을 이용하여 스텝테스트의 신체효율지수(Physical Efficiency Index: PEI)를 산출한다.

신체효율지수(PEI) 공식

신체효율지수 = (300/2 x 회복 시 3회 맥박수의 총합) x 100

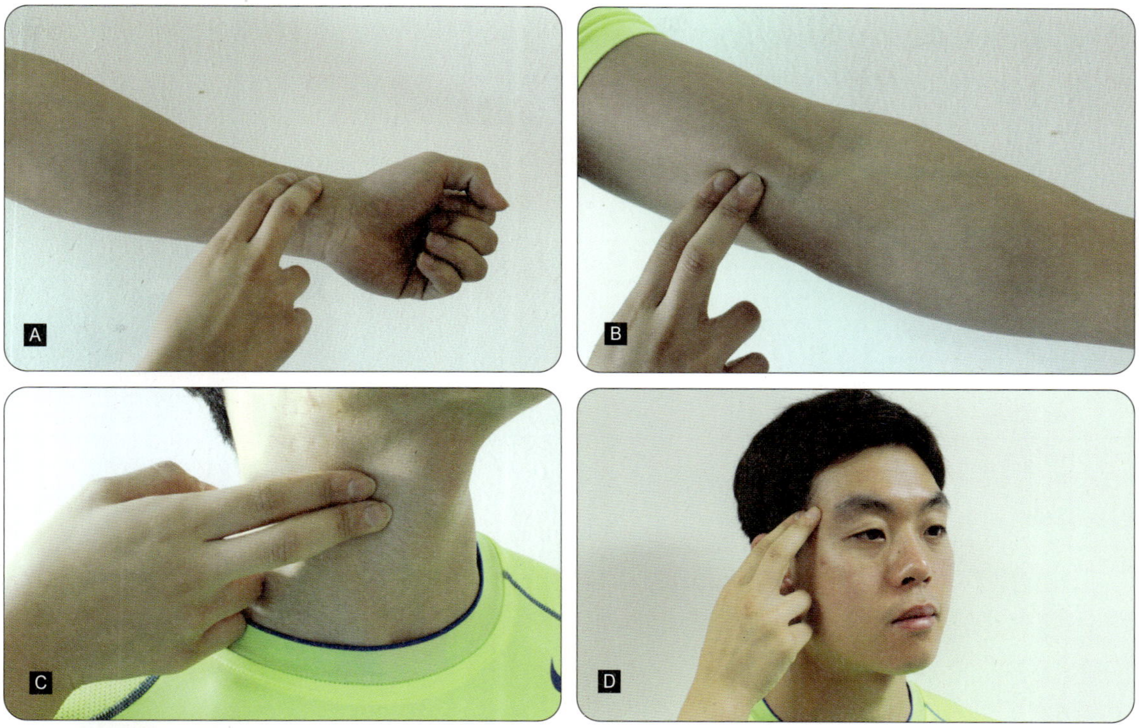

그림 7-7 심박수 촉진 위치. A. 노동맥(요골동맥), B. 위팔동맥(상완동맥), C. 목동맥(경동맥), D. 관자동맥(측두동맥)

표 7-3 하버드 스텝검사에 따른 신체효율지수 등급

20대 등급	남성(회)	여성(회)
1	> 99	> 95
2	90~99	86~95
3	80~89	76~85
4	70~79	71~75
5	60~69	< 71

퀸즈 칼리지 스텝검사(Queens College Step Test or McArdle Test)

- 피검자는 16.25인치(41.25cm)의 스텝 박스에서 메트로놈(Metronome)이나 구령에 맞춰 남성은 분당 24회, 여성은 분당 22회 오르내리기를 반복하는 동안 차려 자세를 유지한다.
- 3분간 지속하며 측정이 끝난 직후에 서있는 상태에서 심박수를 측정한다.
- 15초간 심박수를 측정하고 곱하기 4를 하여 회복기 심박수를 기록한다.

측정된 회복기 심박수를 아래의 공식에 대입하여 최대산소섭취량을 추정한다.

남성 최대산소섭취량(ml/kg/min) = 111.33 − (0.42 × 회복기 심박수)
여성 최대산소섭취량(ml/kg/min) = 65.81 − (0.1847 × 회복기 심박수)

표 7-4 퀸즈 칼리지 스텝검사로 추정한 최대산소섭치량 등급

최대산소섭취량(ml/kg/min)				
등급	남성(18~25세)	여성(18~25세)	남성(26~35세)	여성(26~35세)
매우우수	> 60	> 56	> 56	> 52
우수	52~60	47~56	49~56	45~52
평균이상	47~51	42~46	43~48	39~44
평균	42~46	38~41	40~42	35~38
평균이하	37~41	33~37	35~39	31~34
부족	30~36	28~32	30~34	26~30
매우부족	< 30	< 28	< 30	< 26

필드검사(Field Test)

필드검사는 고가장비가 필요하지 않고 많은 대상자들을 동시에 검사할 수 있는 방법으로 현장에서 유용하게 사용되고 있다. 일정거리를 걷거나 달리거나 또는 일정시간 동안 이동한 거리로 심폐지구력을 예측하는 방법으로 1,500m 달리기(남), 1,000m 달리기(여), Rockport 1마일 걷기, 1.5마일 달리기, 6분 걷기, 20m 왕복오래달리기 검사 등이 있다.

20m 왕복오래달리기(Progressive Aerobic Cardiovascular Endurance Run: PACER) 검사

측정방법

- 20m 코스에 표시세움대로 각 레인을 나누고 테이프나 분필로 각 끝에 선을 긋는다.
- 출발신호원은 '준비' 구령의 5초 후에 '출발' 신호를 하며 피검자는 그 신호에 맞춰 출발한다(그림2). (동시출발, 피검자당 관찰자 1인)
- 피검자는 다음 신호음이 들리기 전에 정해진 20m 구간을 달려 반대편 도착지점에 도착한다(그림3).
- 신호가 울리기 전에 반대편 라인에 도달한 피검자는 신호가 울릴 때까지 기다려야 한다(그림3).
- 신호가 울리면 반대쪽 라인 끝을 향해 달린다(그림4).
- 신호음이 울리기 전에 라인에 도달하지 못했을 경우, 최소 1회까지는 신호가 울릴 때 방향을 바꾸어 달릴 수 있다. 그러나 두 번째로 신호음이 울리기 전에 라인에 도달하지 못한 경우에는 탈락이 된다(그림5).
- 위와 같은 방법으로 두 번째 신호음이 울리기 전에 라인에 도달하지 못할 때까지 왕복달리기를 계속 실시하여 왕복한 횟수를 기록한다. 탈락자는 관찰자가 있는 바깥으로 나가 있어야 한다(그림6).
- 일반적으로 신호음의 간격은 8~9초 정도이고 선두의 속도에 따라 신호음의 간격이 짧아진다.

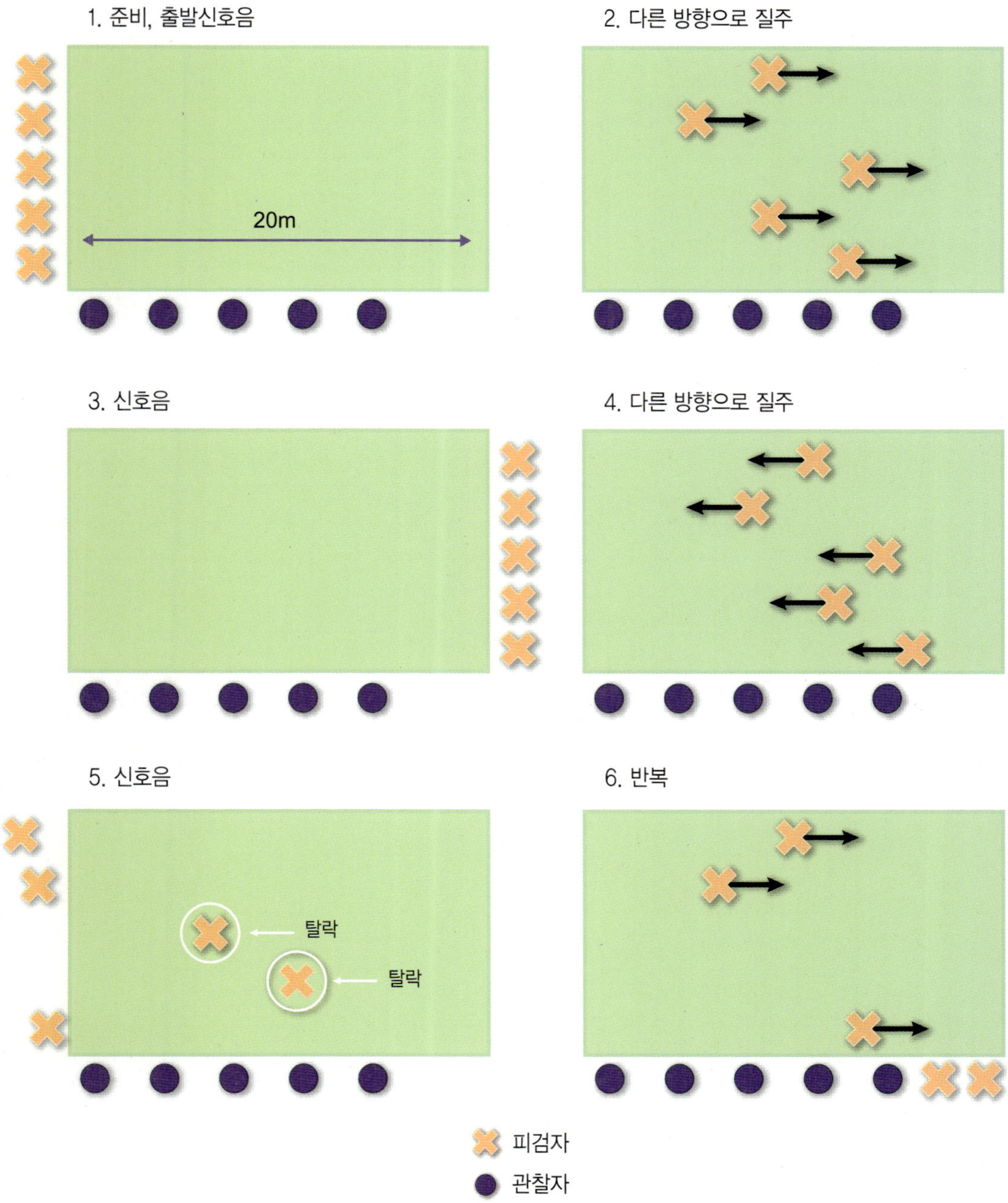

그림 7-8 20m 왕복오래달리기 검사

표 7-5 남성 20m 왕복오래달리기 백분위와 등급 기준(회)

항목 \ 연령	19~24	25~29	30~34	35~39	40~44	45~49	50~54	55~59	60~64
95	91.0	90.0	70.0	66.4	60.2	54.0	57.3	45.0	34.0
90	83.0	86.0	60.0	56.0	48.6	50.0	50.0	39.0	30.0
85	78.0	80.0	54.7	50.0	43.0	47.0	45.0	32.0	24.8
80	72.0	70.0	51.0	45.0	40.0	45.0	40.6	30.0	24.0
75	67.0	61.0	47.0	41.5	35.0	41.0	37.2	29.0	22.0
70	60.0	53.3	45.0	40.0	34.0	40.0	32.0	26.0	22.0
65	51.0	50.0	42.0	40.0	32.0	37.0	30.0	25.0	20.0
60	50.0	46.4	40.0	38.0	30.0	32.0	29.0	24.0	20.0
55	46.0	42.0	38.0	35.0	29.0	31.0	27.9	22.3	19.4
50	42.0	41.0	35.0	32.0	28.0	30.0	25.0	21.5	18.0
45	41.0	40.0	34.0	31.0	26.0	27.0	24.0	19.8	16.6
40	40.0	37.0	31.6	30.0	25.0	25.0	22.0	18.0	16.0
35	37.0	34.0	31.0	29.0	24.0	24.0	21.0	17.3	15.8
30	33.0	32.0	30.0	28.0	22.0	22.0	20.0	16.0	15.0
25	30.0	30.0	27.0	26.0	21.0	21.0	18.0	16.0	13.0
20	27.0	28.0	24.0	24.0	19.0	20.0	16.0	15.0	11.0
15	25.0	27.0	21.0	22.0	17.0	18.0	14.0	13.0	10.0
10	21.0	24.0	19.0	20.0	15.7	17.0	12.0	11.0	8.0
5	18.0	20.5	15.5	18.0	13.9	15.0	9.0	8.8	5.4

연령	1등급	2등급	3등급	4등급	5등급
19~24	87 이상	67~86	43~66	22~42	21 이하
25~29	75 이상	58~74	38~57	21~37	20 이하
30~34	61 이상	47~60	31~46	18~30	17 이하
35~39	59 이상	46~58	30~45	17~29	16 이하
40~44	58 이상	45~57	30~44	18~29	17 이하
45~49	48 이상	37~47	23~36	12~22	11 이하
50~54	45 이상	34~44	21~33	10~20	9 이하
55~59	39 이상	29~38	18~28	8~17	7 이하
60~64	34 이상	25~33	14~24	5~13	4 이하

(2015년 국민체력실태조사, 문화체육관광부)

표 7-6 여성 20m 왕복오래달리기 백분위와 등급 기준(회)

항목 \ 연령	19~24	25~29	30~34	35~39	40~44	45~49	50~54	55~59	60~64
95	67.5	42.0	38.2	37.9	31.0	31.4	30.0	25.0	22.0
90	54.0	39.0	34.0	31.0	29.0	27.0	24.0	21.0	19.0
85	48.0	33.1	32.0	30.0	26.0	24.0	22.0	19.9	18.0
80	41.0	30.4	30.0	27.0	24.0	23.0	20.0	18.0	18.0
75	33.0	29.3	29.0	25.0	23.3	21.0	19.0	18.0	16.5
70	31.0	28.0	27.6	23.0	22.9	20.0	18.0	17.0	15.0
65	30.0	26.0	25.0	21.0	22.0	20.0	17.0	16.0	14.5
60	27.0	24.0	24.0	20.0	21.0	19.0	16.0	15.0	13.0
55	25.0	23.0	23.0	20.0	20.0	18.0	16.0	13.0	12.0
50	23.0	22.0	22.0	19.0	19.0	18.0	15.4	12.5	10.4
45	22.0	21.4	21.0	18.0	18.0	17.4	15.0	12.0	10.0
40	21.0	21.0	20.4	17.0	17.4	17.0	14.0	11.0	9.4
35	20.0	20.0	20.0	16.4	17.0	16.0	13.0	10.4	9.0
30	18.5	19.0	19.0	16.3	16.0	15.0	12.0	10.3	8.4
25	18.0	17.0	17.0	16.0	15.0	14.5	11.0	10.0	8.0
20	17.0	16.0	16.0	14.0	14.0	12.2	10.2	9.0	7.0
15	16.0	15.0	14.0	13.0	12.0	10.9	10.0	8.4	6.0
10	15.0	12.3	13.0	12.0	10.0	10.0	9.0	8.0	5.0
5	11.0	9.2	10.0	10.0	9.0	8.0	8.0	6.0	3.5

연령	1등급	2등급	3등급	4등급	5등급
19~24	59 이상	42~58	22~41	5~21	4 이하
25~29	41 이상	31~40	19~30	9~18	8 이하
30~34	34 이상	26~33	17~25	9~16	8 이하
35~39	31 이상	25~30	17~24	10~16	9 이하
40~44	30 이상	23~29	16~22	9~15	8 이하
45~49	31 이상	23~30	15~22	8~14	7 이하
50~54	30 이상	22~29	13~21	6~12	5 이하
55~59	21 이상	16~20	10~15	5~9	4 이하
60~64	20 이상	15~19	8~14	3~7	2 이하

(2015년 국민체력실태조사, 문화체육관광부)

폐활량(Vital Capacity)

폐의 환기능력을 측정하는 폐활량 검사는 대표적인 폐기능 검사로 최대한 공기를 들여 마신 후 최대한 배출시킬 수 있는 공기의 양을 통해 폐의 용적과 호흡근육의 작용을 살펴볼 수 있다. 일반적인 검사방법은 강제폐활량(Forced Vital Capacity: FVC), 1초당 노력날숨폐활량(강제호기량, Forced Expiratory Volume: FEV1), 강제폐활량에 대한 1초당 노력날숨폐활량 비(FEV1/FVC), 최대날숨유량(Peak Expiratory Flow: PEF) 등으로 폐기능뿐만 아니라 제한적 또는 폐쇄적 폐질환을 예측하는데 사용된다.

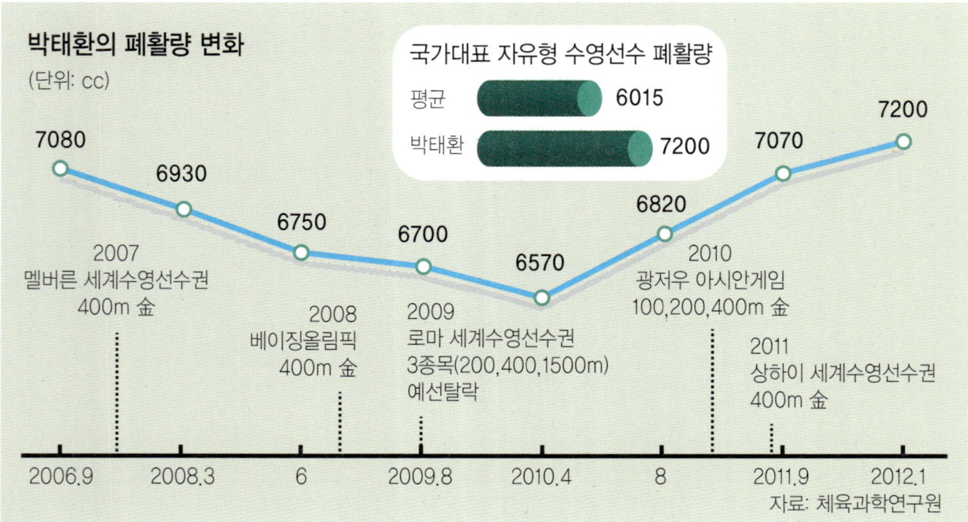

그림 7-9 국가대표 자유형 수영선수 폐활량과 올림픽 금메달리스트 박태환선수 폐활량 수치 변화

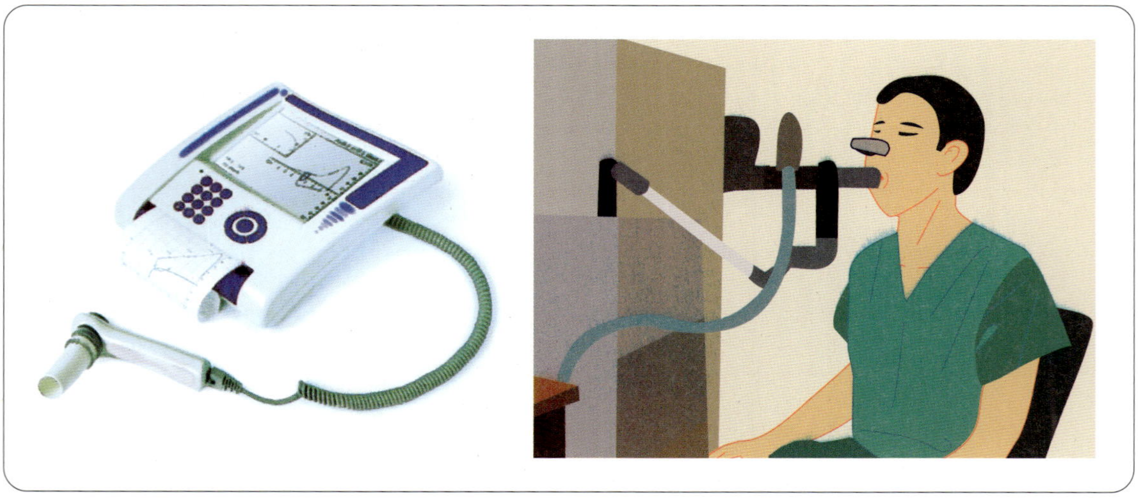

그림 7-10 폐활량계와 폐기능 검사

1초당 노력날숨폐활량(FEV_1) 검사

- 피검자는 선 자세에서 마개로 코를 막아 공기가 통하지 않도록 한다.
- 최대한 공기를 들여 마시고 1초 동안 폐활량계의 호스를 통해 숨을 내뿜는다.
- 2회 시행 후 최대치를 측정한다.
- 폐활량계 호스 밖으로 공기가 새지 않도록 한다.

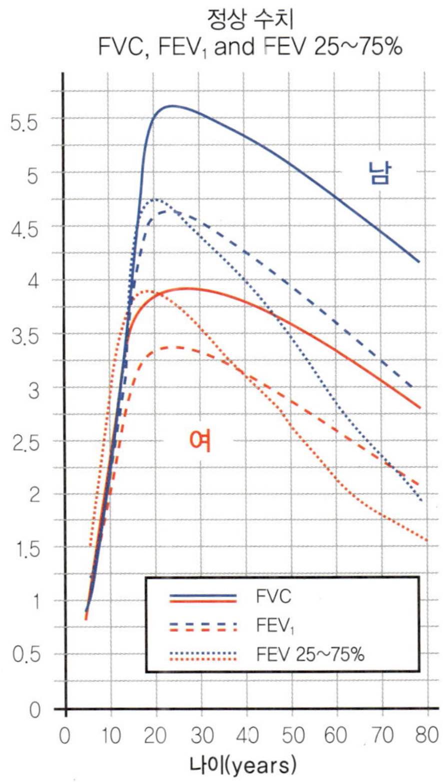

그림 7-11 연령별 강제폐활량과 1초당 노력날숨폐활량(FEV_1) 정상치

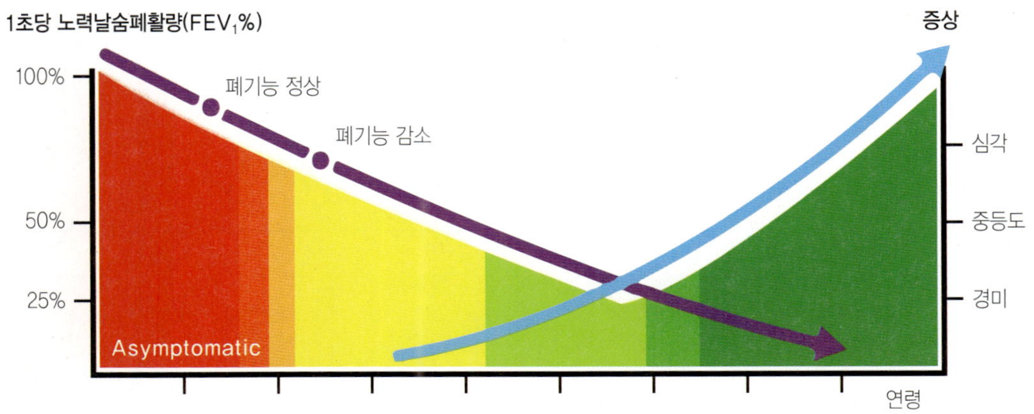

그림 7-12 만성폐쇄성폐질환자에 1초당 노력날숨폐활량(FEV_1)으로 폐 기능의 변화

실습활동 7-1 조별로 필드 검사를 통해 심폐능력을 확인해보자.

	하버드 스텝검사	퀸즈 칼리지 스텝검사	20m 왕복오래달리기 검사
피검자1			
성별/나이	/	/	/
등급			
피검자2			
성별/나이	/	/	/
등급			
피검자3			
성별/나이	/	/	/
등급			

참고문헌

1. 국민체력실태조사(2015). 국민체육진흥공단 한국체육과학연구원. 문화체육관광부.
2. American College of Sports Medicine (2014). ACSM's guidelines for exercise testing and prescription (9th ed.). Baltimore, MD: Lippincott Williams & Wilkins.
3. American College of Sports Medicine (2014). ACSM's health-related physical fitness assessment Manual (4th ed.). Baltimore, MD: Lippincott Williams & Wilkins.
4. Herdy, A. H., Ritt, L. E. F., Stein, R., Araújo C. G. S., Milani, M., Meneghelo, R. S., . . . Serra, S. M. (2016). Cardiopulmonary exercise test: Background, applicability and interpretation. *Arquivos Brasileiros de Cardiologia*, 107(5), 467–481. http://dx.doi.org/10.5935/abc.20160171.

CHAPTER 8

유연성검사

Flexibility Assessment

유연성은 관절가동범위(Range of Motion: ROM)를 이용하여 움직일 수 있는 능력을 의미하며 유연성이 부족해지면 스포츠 활동뿐만 아니라 일상생활을 수행하는 능력이 저하되기 때문에 건강체력의 중요한 구성요소이다. 각 관절의 가동범위 저하와 좌우 가동범위의 불균형은 관절의 구조 이상과 손상을 가져올 수 있고 특히 허리와 엉덩관절의 유연성 저하는 허리통증을 유발시킬 수 있어 정확한 평가와 관리가 필요하다. 또한 가동범위가 큰 어깨관절의 유연성 저하도 일상생활에 제한을 가져오기 때문에 스트레칭과 체조 등 충분한 운동으로 유연성을 유지할 수 있도록 한다.

그림 8-1 유연성이 요구되는 스포츠 종목

앉아 윗몸 앞으로 굽히기 검사(Sit and Reach Test)

측정방법

- 신발을 벗은 상태에서 양 발바닥이 측정기구의 수직면에 완전히 닿도록 무릎을 펴고 바르게 앉는다.
- 양손은 아래위로 겹쳐 준비자세를 취하고 허리를 편 상태에서 한 손이 앞으로 더 나아가지 않도록 한다.
- 상체를 천천히 굽히면서 측정기구의 눈금 아래로 손을 최대로 뻗어 2초 정도 유지한다.
- 양 발 사이의 넓이는 5cm를 넘지 않게 하고 무릎을 굽히거나 반동을 주지 않도록 한다.
- 2회 측정하고 좋은 수치를 기록한다.

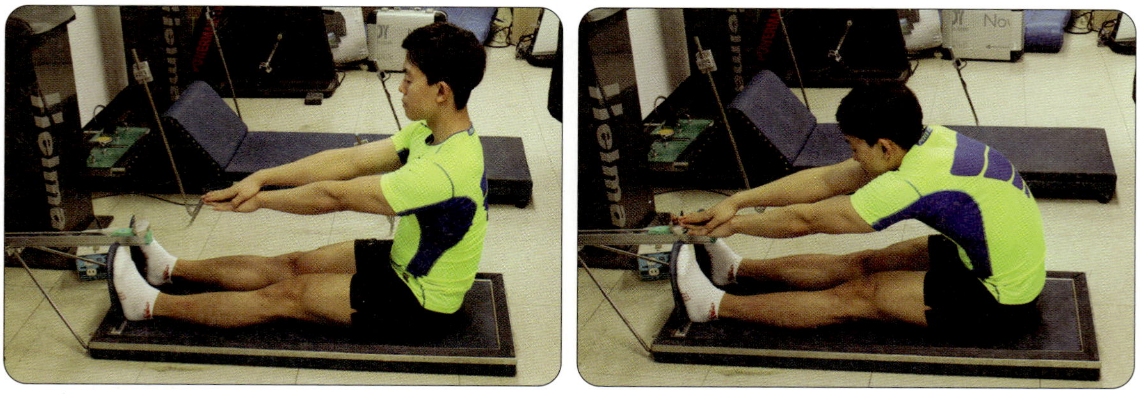

그림 8-2 앉아 윗몸 앞으로 굽히기

표 8-1 남성 앉아 윗몸 앞으로 굽히기 백분위 기준(cm)

백분위 \ 연령	19~24	25~29	30~34	35~39	40~44	45~49	50~54	55~59	60~64
95	24.0	23.6	22.2	22.8	21.0	18.9	24.3	20.9	20.6
90	21.5	21.0	20.0	20.0	18.0	17.0	22.2	19.0	18.6
85	20.0	19.9	19.0	19.0	17.0	15.0	18.5	17.4	17.0
80	17.5	18.9	18.0	17.0	16.0	14.0	16.6	16.0	14.2
75	16.0	17.0	17.0	15.2	15.0	13.0	15.0	14.0	13.0
70	15.0	16.5	14.0	14.0	14.0	12.0	14.0	12.0	12.0
65	14.0	15.2	13.0	13.0	13.6	10.5	13.0	11.0	11.8
60	13.0	15.0	11.7	12.0	13.0	10.0	11.9	10.0	11.0
55	12.0	14.0	11.0	11.1	12.0	8.6	11.0	9.1	10.1
50	11.0	13.0	10.0	11.0	11.0	8.0	10.0	8.0	9.0
45	10.0	11.5	9.0	10.0	10.0	7.0	9.0	7.0	7.1
40	9.0	10.0	8.0	8.6	9.4	6.0	8.0	5.9	6.3
35	8.0	9.0	7.0	7.0	7.5	5.0	5.9	5.0	5.5
30	7.0	7.9	6.0	5.0	6.0	3.5	4.5	4.0	3.4
25	5.7	6.0	4.6	4.0	5.0	2.0	3.8	3.0	2.0
20	4.0	4.7	3.0	2.0	3.0	2.0	2.2	0.5	1.0
15	3.0	2.0	1.5	0.0	0.9	0.0	1.0	−1.0	0.0
10	0.0	−1.0	−1.0	−2.0	−0.1	−1.9	−0.5	−3.4	−3.9
5	−4.0	−6.6	−3.0	−4.7	−4.8	−5.0	−5.0	−6.1	−10.0

(2015년 국민체력실태조사, 문화체육관광부)

표 8-2 여성 앉아 윗몸 앞으로 굽히기 백분위 기준(cm)

백분위＼연령	19~24	25~29	30~34	35~39	40~44	45~49	50~54	55~59	60~64
95	28.0	29.9	26.1	26.0	26.9	27.9	25.0	28.0	25.0
90	26.0	27.8	24.0	23.3	24.0	25.4	24.0	25.9	24.0
85	25.0	26.0	22.0	22.0	23.0	24.0	23.0	23.8	23.0
80	23.0	25.0	21.0	21.0	22.0	22.9	22.0	22.0	22.1
75	22.0	24.0	20.4	20.0	20.0	21.6	20.1	21.0	21.4
70	21.0	22.7	18.7	19.5	19.0	20.0	20.0	20.0	20.0
65	20.0	22.0	18.0	18.3	18.0	18.5	19.0	19.0	20.0
60	19.0	21.0	17.0	17.0	17.0	17.4	18.0	18.3	19.0
55	18.0	20.0	16.0	16.3	16.0	17.0	17.0	18.0	18.0
50	16.9	19.5	15.0	15.0	15.0	15.5	15.0	17.0	17.0
45	15.6	18.4	14.0	14.0	14.0	14.5	14.0	16.0	16.0
40	15.0	17.6	13.0	12.9	13.0	13.8	13.0	15.0	15.0
35	13.0	16.8	12.0	11.5	12.0	12.1	12.4	14.9	14.0
30	11.0	15.2	11.0	10.0	12.0	11.8	11.3	13.2	13.0
25	10.0	13.8	10.0	8.0	11.0	11.0	10.0	12.0	12.5
20	8.0	11.3	8.8	6.2	10.0	10.0	9.0	11.0	12.0
15	5.0	9.7	7.0	5.0	7.4	8.0	6.9	8.9	9.0
10	2.3	7.0	4.0	2.1	5.4	4.8	4.0	5.1	4.5
5	−1.9	−1.0	−1.0	−1.0	2.0	0.3	−0.5	3.0	0.5

(2015년 국민체력실태조사, 문화체육관광부)

노화로 인해 관절주변 조직이 경직되고 탄력성이 감소하면서 유연성이 저하되는데 이는 움직임 제한과 부상의 위험을 높일 수 있다. Rikli와 Jones (2005)는 노인의 자립 생활능력 정도를 평가하기 위해 체력검사(Fullerton Fitness Test: FFT, Senior Fitness Test: SFT)를 개발하였으며, 유연성을 측정하는 검사로는 의자 앉아 앞으로 굽히기(Chair sit and reach) 검사와 등 뒤에서 손잡기(Back scratch) 검사 방법 등이 있다.

의자앉아 윗몸 앞으로 굽히기 검사(Chair Sit and Reach Test)

일상생활에서 물건들어올리기, 계단오르기, 자동차나 욕조에서 들어가 앉고 나오는 등의 하체 유연성을 평가하기 위한 검사방법이다.

측정방법

- 엉덩이와 다리 사이의 경계 부분이 의자의 앞쪽 끝부분에 닿도록 걸쳐 앉는다.
- 측정하는 다리의 무릎관절을 펴고 발뒤꿈치를 바닥에 닿도록 한다.
- 반대편 다리 무릎은 90° 로 굽힌다.
- 허리를 구부리면서 측정하는 다리 위로 양손을 겹치고 손가락 끝은 같이모아 최대한 곧게 천천히 뻗는다.
- 허리를 앞으로 굽힐 때 허리 반동을 이용하거나 무릎이 굽혀지지 않도록 한다.
- 측정 발끝을 기준으로 양 손가락 끝이 넘어 갔을 때는 +로, 부족하였을 때는 -로 간주하며 0.5cm 단위로 측정한다.
- 반대쪽도 같은 방법으로 측정한다.
- 각 2회 측정하고 좋은 수치를 기록한다.

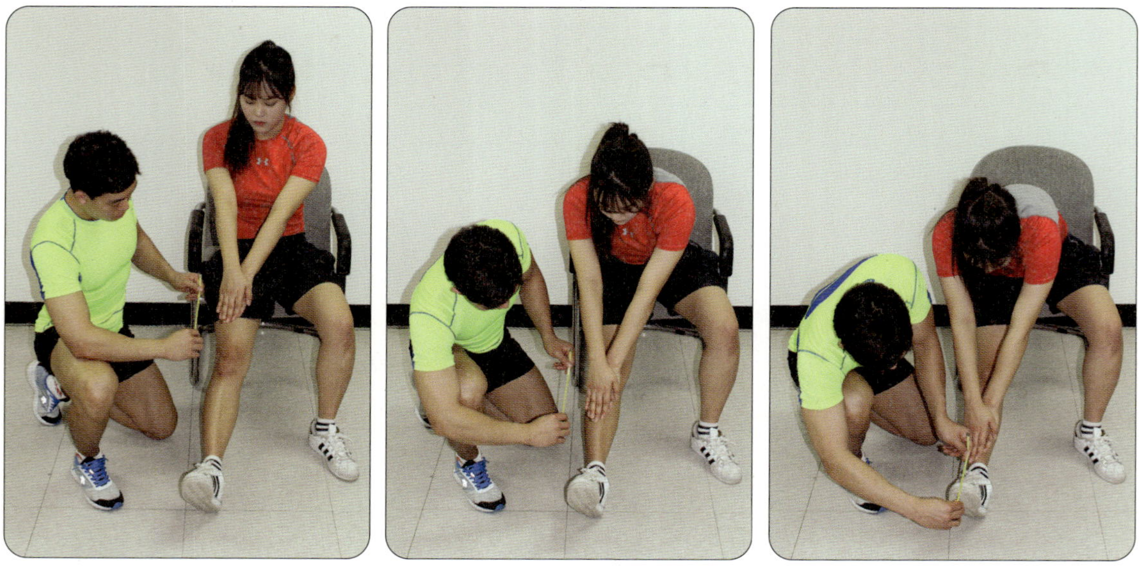

그림 8-3 의자앉아 윗몸 앞으로 굽히기 검사

표 8-3 의자앉아 윗몸 앞으로 굽히기 백분위 기준(cm)

백분위 \ 연령	남성 의자앉아 윗몸 앞으로 굽히기(cm)				여성 의자앉아 윗몸 앞으로 굽히기(cm)			
	65~69	70~74	75~79	80이상	65~69	70~74	75~79	80이상
95	21.0	20.4	13.1	13.6	25.7	26.1	22.7	21.2
90	19.0	15.6	10.4	12.1	24.0	21.0	21.0	19.0
85	16.0	14.1	8.6	9.1	21.0	19.0	19.6	16.0
80	14.0	12.6	8.0	7.0	21.0	16.6	17.4	15.0
75	13.0	11.0	8.0	5.3	19.1	15.2	16.0	14.0
70	12.0	10.0	6.2	4.7	18.9	14.6	15.0	13.2
65	11.0	9.7	5.0	3.9	17.0	13.0	14.2	12.8
60	11.0	8.0	4.8	2.0	16.1	11.0	13.8	11.6
55	9.9	8.0	4.0	1.7	16.0	9.3	12.7	10.0
50	8.3	6.0	3.5	0.0	14.7	8.0	10.0	8.7
45	7.6	5.3	2.9	-0.6	14.0	7.0	9.0	7.0
40	7.0	4.9	1.9	-1.8	13.0	6.5	8.1	6.0
35	6.0	1.0	0.8	-3.0	11.0	5.0	7.0	5.0
30	5.0	0.0	0.0	-4.3	10.0	4.6	6.7	3.0
25	3.0	-2.0	-1.0	-6.0	8.4	3.0	5.0	2.7
20	1.2	-4.0	-3.0	-8.6	7.0	2.0	3.0	1.0
15	-0.5	-6.0	-5.0	-9.0	3.6	0.9	1.0	-2.5
10	-2.5	-8.4	-7.1	-10.1	0.4	-2.0	-0.3	-4.4
5	-5.9	-10.0	-10.0	-12.8	0.0	-5.0	-5.7	-6.0

(2015년 국민체력실태조사, 문화체육관광부)

등 뒤에서 손잡기 검사(Back Scratch Test)

상체 유연성 중에 어깨 유연성을 평가하는 것으로 옷의 뒷부분에 지퍼를 올리거나 내릴 때, 머리를 빗질하거나 장식할 때, 안전띠를 채우기 위해 몸을 뻗는 등 일상적인 일을 수행할 때 중요한 요소이다.

측정방법

- 한 손은 등 위쪽에, 다른 손은 등 아래쪽에 위치한다.
- 가운데손가락이 양 손을 향해 위치하며 손가락이 서로 닿도록 한다.
- 반동을 주지 않은 상태에서 양 손가락이 겹치는 거리 혹은 양 손가락 사이 거리를 측정한다.
- 양쪽 손가락 끝이 서로 넘어 갔을 때는 +로, 부족하였을 때는 −로 간주하여, 0.5cm 단위로 측정한다.
- 반대편도 손의 위치를 바꾸어 같은 방법으로 측정한다.
- 각 2회 측정하고 좋은 수치를 기록한다.

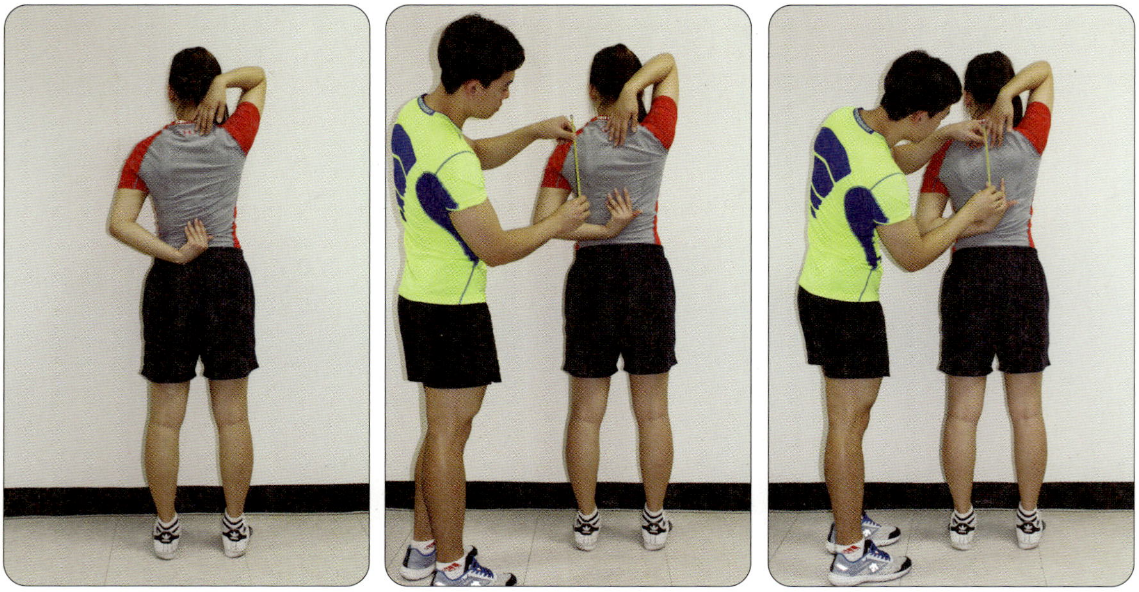

그림 8-4 등 뒤에서 손잡기 검사

표 8-4 등 뒤에서 손잡기 백분위 기준(cm)

연령 / 백분위	남성 등 뒤에서 손잡기(cm)				여성 등 뒤에서 손잡기(cm)			
	65~69	70~74	75~79	80이상	65~69	70~74	75~79	80이상
95	10.0	12.4	3.4	17.5	11.4	10.0	8.4	8.6
90	7.9	8.6	2.4	7.7	8.5	7.1	4.4	7.0
85	3.0	3.6	0.7	5.3	5.0	5.7	1.4	4.0
80	0.5	1.4	-2.2	0.4	3.0	4.1	0.0	3.0
75	-2.0	-1.8	-5.0	-5.8	2.7	3.0	0.0	1.0
70	-4.0	-4.0	-7.8	-9.0	2.0	2.7	-2.8	-0.8
65	-5.0	-5.0	-9.8	-10.2	0.5	2.0	-3.7	-2.0
60	-7.0	-6.0	-10.2	-11.6	0.0	1.0	-5.0	-3.0
55	-9.4	-6.0	-11.0	-12.5	-0.3	0.0	-6.0	-6.0
50	-10.5	-8.0	-12.0	-15.0	-2.0	-2.0	-7.0	-7.0
45	-11.0	-10.0	-13.0	-16.0	-2.6	-3.2	-8.3	-9.0
40	-12.0	-10.6	-15.0	-17.6	-3.4	-4.7	-10.0	-11.9
35	-13.0	-12.0	-15.2	-19.8	-4.1	-7.0	-11.9	-14.4
30	-14.4	-13.6	-18.0	-21.0	-5.0	-8.0	-13.0	-16.0
25	-16.0	-15.0	-20.0	-22.0	-7.0	-10.0	-14.7	-19.0
20	-17.0	-18.0	-22.0	-24.0	-9.0	-11.0	-16.0	-21.0
15	-19.6	-19.0	-22.6	-25.7	-10.9	-12.7	-20.0	-27.0
10	-23.0	-24.4	-25.8	-27.4	-12.6	-16.0	-25.0	-31.4
5	-27.8	-27.8	-29.7	-35.6	-16.8	-21.2	-33.5	-35.2

(2015년 국민체력실태조사, 문화체육관광부)

실습활동 8-1 2~3명씩 조를 구성하여 각 조의 구성원이 앉아 윗몸 앞으로 굽히기 검사를 돌아가며 피검자와 검사자의 역할을 해보자.

	성별	나이	횟수	앉아 윗몸 앞으로 굽히기(cm)		백분위	
				좌	우	좌	우
피검자 1			1				
			2				
피검자 2			1				
			2				

실습활동 8-2 2~3명씩 조를 구성하여 각 조의 구성원이 의자앉아 윗몸 앞으로 굽히기 검사를 돌아가면서 피검자와 검사자의 역할을 해보자.

	성별	나이	횟수	의자앉아 앞으로 굽히기(cm)		백분위	
				좌	우	좌	우
피검자 1			1				
			2				
피검자 2			1				
			2				

실습활동 8-3 2~3명씩 조를 구성하여 각 조의 구성원이 등 뒤에서 손잡기 검사를 돌아가면서 피검자와 검사자의 역할을 해보자.

	성별	나이	횟수	등 뒤에서 손잡기(cm)		백분위	
				좌	우	좌	우
피검자 1			1				
			2				
피검자 2			1				
			2				

유연성을 증진시키는 스트레칭 동작

각 스트레칭 동작을 실시할 때는 전신에 긴장을 푼 후 근육과 힘줄(건)을 부드럽게 늘려준다. 각 스트레칭 동작을 15~30초 정도 유지하며 동작을 반복해야 효과적이다. 동작을 할 때 무리하게 반동을 주지 않고 호흡을 자연스럽게 내쉬고 들이쉬도록 한다.

그림 8-5 각 부위별 스트레칭 동작들

4
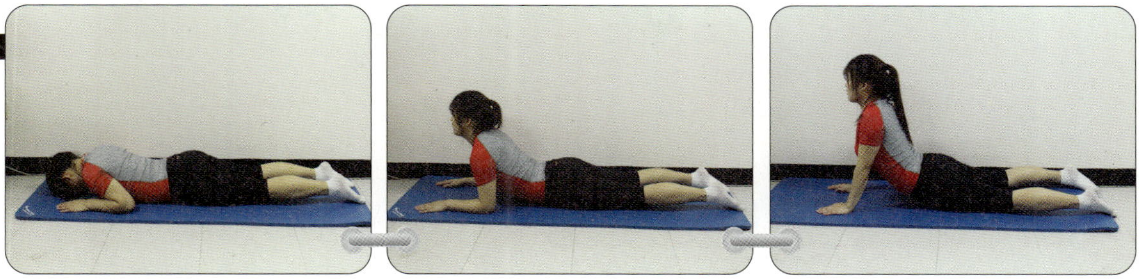

5

6
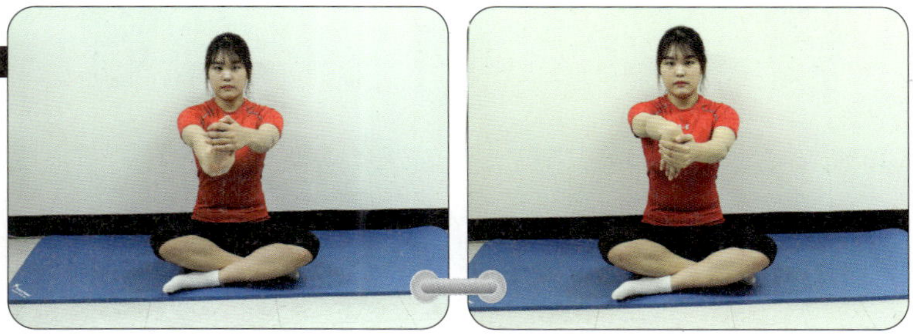

7

8

그림 8-5 각 부위별 스트레칭 동작들(계속)

그림 8-5 각 부위별 스트레칭 동작들(계속)

참고문헌

1. 국민체력실태조사(2015). 국민체육진흥공단 한국체육과학연구원. 문화체육관광부.
2. American College of Sports Medicine (2014). ACSM's resource manual for guideline for exercise testing and prescription (7th ed.). Baltimore, MD: Lippincott Williams & Wilkins.
3. Hayward, V. H., & Gibson, A. L. (2014). Advanced fitness assessment and exercise prescription (7th ed.). Champaign, IL: Human Kinetics.
4. Jackson, A. W., & Baker, A. A. (1986). The relationship of the sit and reach test to criterion measures of hamstring and back flexibility in young females. *Research Quarterly for Exercise and Sport*, 57(3), 183–186.
5. Rikli, R. E., & Jones, C. J. (2013). Senior fitness test manual. (2nd ed.). Champaign, IL: Human Kinetics.

CHAPTER 9

측각술

Goniometry

신체검사 시 사용하는 여러 측정에서 관절가동범위의 측정은 유연성이나 손상 평가 및 재활의 정도를 이해하는 중요한 요소이다. 측각술(Goniometry)은 그리스어 두 단어 각(Gonia)과 측정(Metron)이 복합된 것이며, 골격계는 수많은 관절로 연결되어 있으며 각 관절에서 일어나는 가동범위를 각도계를 이용하여 측정하는 방법이다.

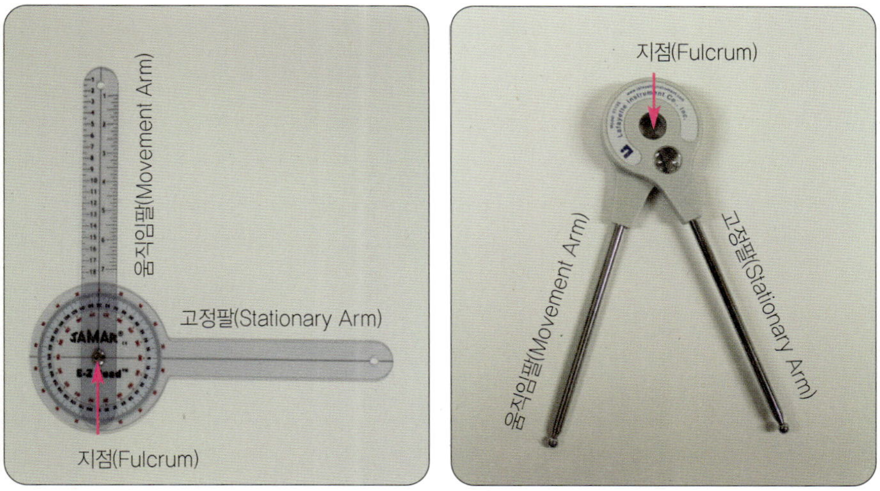

그림 9-1 각도계(Goniometer): 지점(Fulcrum), 고정팔(Stationary Arm), 움직임팔(Movement Arm)의 사진

관절가동범위 측정방법

- 지점은 측정하는 해당 관절의 중심에 위치한다.
- 각도계 고정팔은 가동범위 측정관절의 고정뼈 중심선에 위치한다.
- 각도계 움직임팔은 가동범위 측정관절의 움직이는 뼈 중심선에 위치한다.
- 한 손은 각도계의 고정팔을 해당부위에 밀착하여 누르며 그 위치를 유지한다.
- 다른 한 손은 각도계의 움직임팔을 해당부위에 밀착하여 누르며, 측정 가동범위를 따라가면서, 그 위치를 유지한다.
- 각도계의 측정 시작점에서 움직임 뼈에 위치한 각도계의 움직임팔까지의 가동범위 각도를 측정한다.

관절가동범위 측정 시 영향을 주는 내/외부적 요소

- 나이
- 성별
- 근육, 지방
- 피부의 유연성
- 해당부위 손상 정도와 통증
- 피검자의 동작, 검사자의 측정방법 에러

다음에 나오는 관절의 가동범위를 측정해보자.

2~3명씩 조를 구성하여 각 조의 구성원은 돌아가며 피검자와 검사자의 역할을 해보자.
(관절가동범위 측정 시 "정렬" 이란 해당뼈의 중앙선 혹은 해당뼈의 중앙선과의 평행선을 의미한다).

실습활동 9-1 발목관절(Ankle joint): 발바닥굽힘/발등굽힘(Plantar Flexion/Dorsiflexion)

피검자의 자세	자세 1. 앉은 자세 자세 2. 바로 누워서 무릎을 적어도 30° 이상 굽힘(Flexion) 자세 자세 3. 엎드려서 무릎을 적어도 30° 이상 굽힘(Flexion) 자세			
지점선	가쪽 복사(Lateral malleolus)의 중앙			
고정팔	종아리뼈(Fibula)의 세로축(종축)과 정렬			
움직임팔	5번 발허리뼈(Metatarsal)의 가로축과 정렬			
평균 가동범위	발바닥굽힘(Plantar Flexion)		발등굽힘(Dorsiflexion)	
	0~60°		0~20°	
	피검사1	피검자2	피검사1	피검자2
자세 1	°	°	°	°
자세 2	°	°	°	°
자세 3	°	°	°	°
평균값	°	°	°	°
비교(±)	°	°	°	°

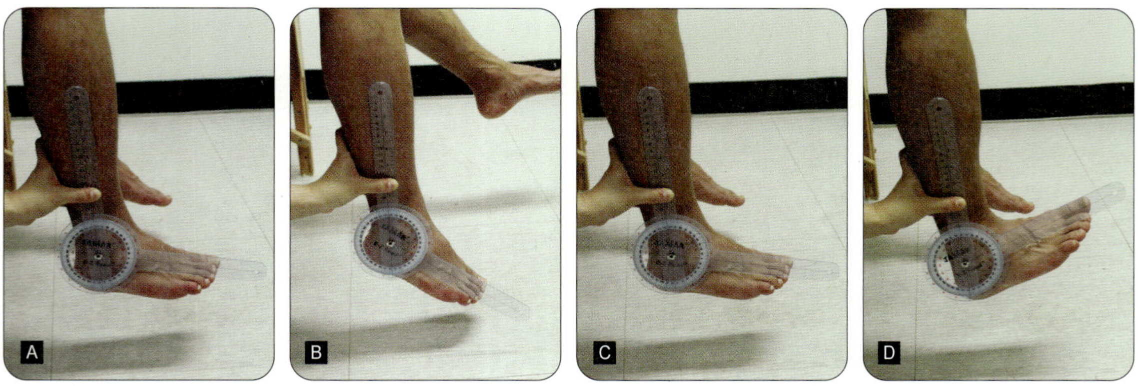

그림 9-2 A.발목관절(Ankle Joint) 발바닥굽힘 시작, B. 발목관절(Ankle Joint) 발바닥굽힘 끝. C. 발목관절(Ankle Joint) 발등굽힘 시작. D.발목관절(Ankle Joint) 발등굽힘 끝

실습활동 9-2 목말밑관절(Subtalar joint): 안쪽번짐(Inversion)/가쪽번짐(Eversion)

피검자의 자세	엎드려서 무릎을 완전히 편 자세			
지점선	안쪽/가쪽 복사뼈(Medial/Lateral malleolus)의 후방 중앙			
고정팔	하퇴(Lower leg)의 후방 중간선과 정렬			
움직임팔	발꿈치뼈(Calcaneus)의 후방 중간선과 정렬			
평균 가동범위	안쪽번짐(Inversion)		가쪽번짐(Eversion)	
	0~20°		0~10°	
	피검사1	피검자2	피검사1	피검자2
자세	°	°	°	°
비교(±)	°	°	°	°

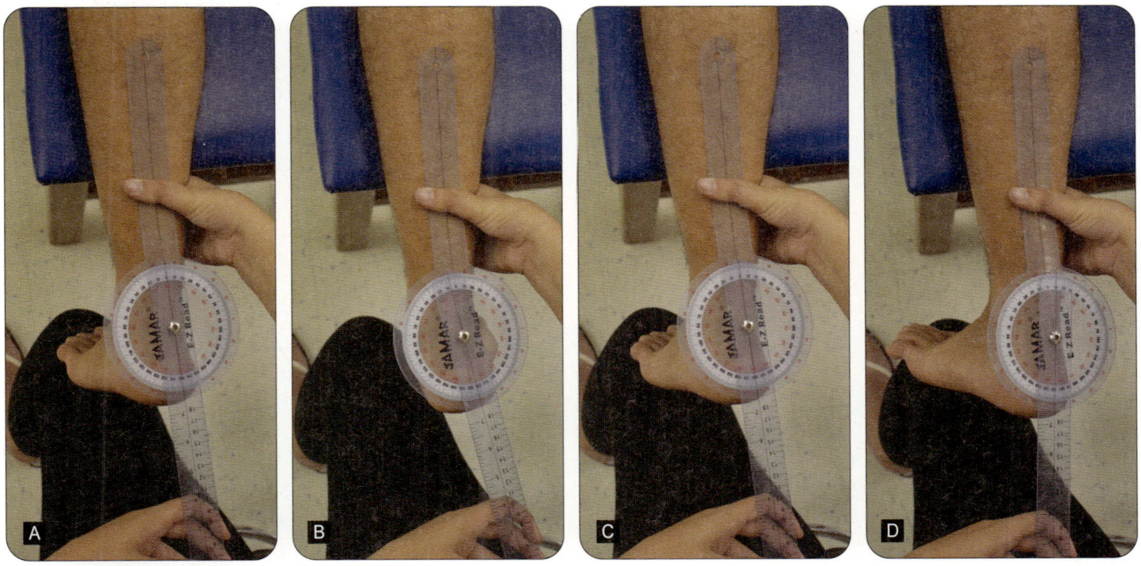

그림 9-3 A.목말밑관절(Subtalar Joint) 안쪽번짐 시작, B. 목말밑관절(Subtalar Joint) 안쪽번짐(Inversion) 끝. C. 목말밑관절(Subtalar Joint) 가쪽번짐(Eversion) 시작. D.목말밑관절(Subtalar Joint) 가쪽번짐(Eversion) 끝

실습활동 9-3 무릎관절(Knee joint) 굽힘/폄(Flexion/Extension)

피검자의 자세	자세 1. 엎드려 발은 테이블 밖으로 나온 자세. 공간 확보를 위해 타월을 접어서 넙다리(Femur)의 먼쪽 앞에 둔다. 자세 2. 바로 누워 무릎관절을 편 자세			
지점선	넙다리뼈(Femur) 가쪽 위관절융기(Lateral epicondyle) 중앙			
고정팔	넙다리뼈(Femur) 가쪽 중간선에 위치하여 큰돌기(Greater trochanter)와 정렬			
움직임팔	종아리뼈(Fibula) 가쪽 중간선에 위치하여 가쪽 복사뼈(Lateral malleolus)와 정렬			
평균 가동범위	굽힘(Flexion)		폄(Extension)	
	0~135°		0°(~ -5°)	
	피검사1	피검자2	피검사1	피검자2
자세 1	°	°	°	°
자세 2	°	°	°	°
평균값	°	°	°	°
비교(±)	°	°	°	°

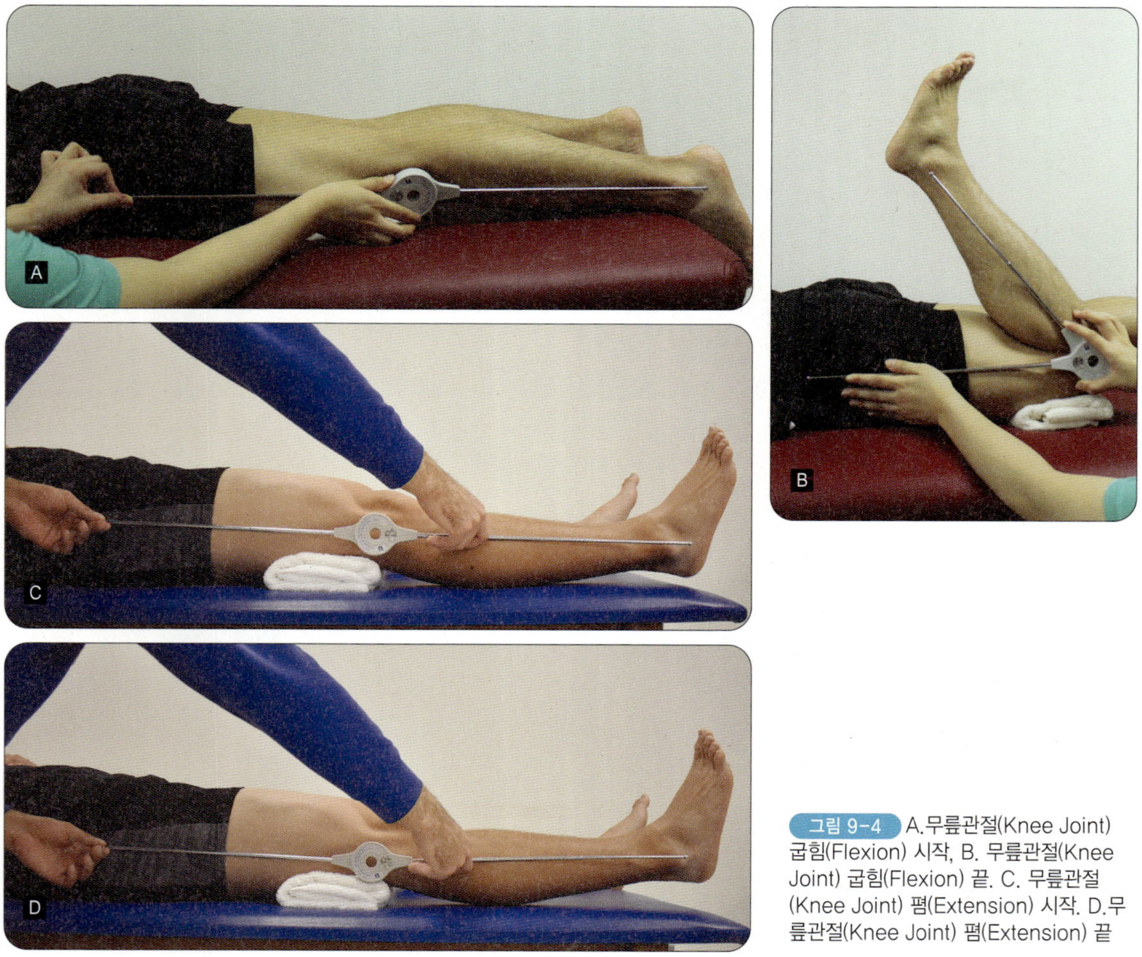

그림 9-4 A.무릎관절(Knee Joint) 굽힘(Flexion) 시작, B. 무릎관절(Knee Joint) 굽힘(Flexion) 끝. C. 무릎관절(Knee Joint) 폄(Extension) 시작. D.무릎관절(Knee Joint) 폄(Extension) 끝

실습활동 9-4 엉덩관절(Hip joint) 굽힘/폄(Flexion/Extension)

피검자의 자세	자세 1(굽힘). 바로 누워 무릎을 편 자세 자세 2(굽힘). 바로 누워 무릎을 구부린 자세 자세 3(폄). 엎드려서 무릎을 편 자세 자세 4(폄). 엎드려서 무릎을 구부린 자세			
지점선	넙다리뼈(Femur) 가쪽 큰돌기(Greater trochanter) 중앙			
고정팔	몸통의 가쪽 중간선에 정렬			
움직임팔	넙다리뼈(Femur) 중간선과 가쪽 위관절융기(Lateral epicondyle)에 정렬			
평균 가동범위	굽힘(Flexion)		폄(Extension)	
	무릎을 폈을 때, 0~115° 무릎을 구부렸을 때, 0~125°		무릎을 폈을 때, 0~15° 무릎을 구부렸을 때, 0~10°	
	피검사1	피검자2	피검사1	피검자2
자세 1	°	°	×	×
자세 2	°	°	×	×
자세 3	×	×	°	°
자세 4	×	×	°	°
평균값	°	°	°	°
비교(±)	°	°	°	°

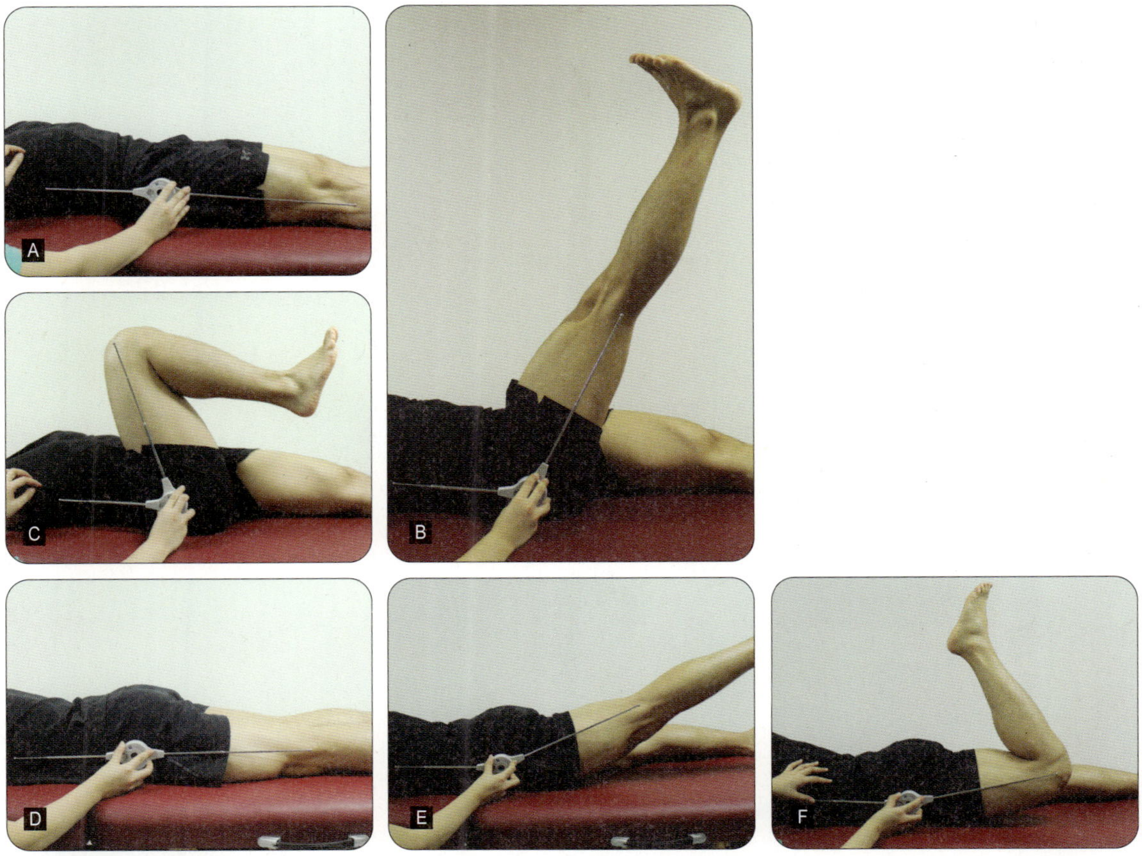

그림 9-5 A. 엉덩관절(Hip Joint) 굽힘(Flexion) 시작, B. 엉덩관절(Hip Joint) 굽힘(Flexion) 끝, C. 무릎 굽혀 엉덩관절(Hip Joint) 굽힘(Flexion) 끝, D.엉덩관절(Hip Joint) 폄(Extension) 시작, E. 엉덩관절(Hip Joint) 폄(Extension) 끝, F. 무릎굽혀 엉덩관절(Hip Joint) 폄(Extension) 끝

실습활동 9-5 엉덩관절(Hip joint) 벌림/모음(Abduction/Adduction)

피검자의 자세	바로 누워 무릎을 편 자세. 모음동작 측정 시에는 반대편 다리는 벌림 자세를 취한다.			
지점선	위앞엉덩뼈가시(Anterior Superior Iliac Spine) 중앙			
고정팔	반대편 위앞엉덩뼈가시(Anterior Superior Iliac Spine) 중앙에 정렬			
움직임팔	넙다리뼈(Femur) 앞 중간선과 무릎뼈(Patellar)에 정렬			
평균 가동범위	벌림(Abduction)		모음(Adduction)	
	0~45°		0~30°	
	피검사1	피검자2	피검사1	피검자2
자세	°	°	°	°
비교(±)	°	°	°	°

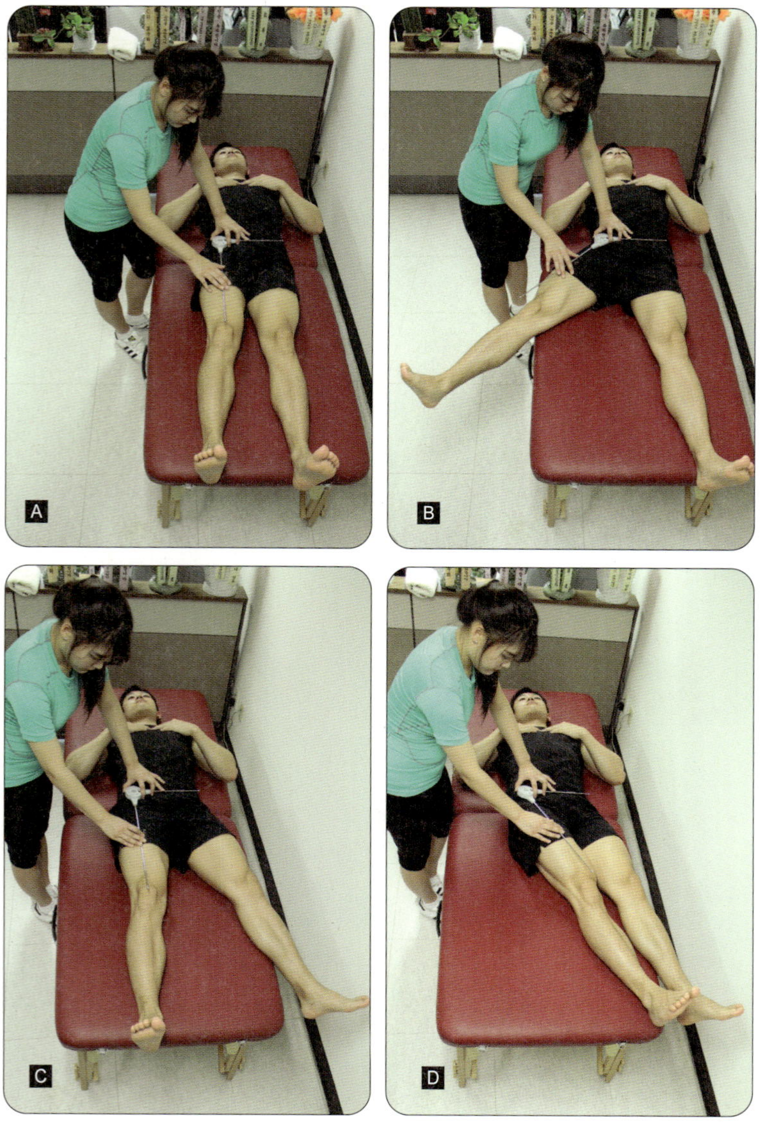

그림 9-6 A. 엉덩관절(Hip Joint) 벌림(Abduction) 시작, B. 엉덩관절(Hip Joint) 벌림(Abduction) 끝, C. 엉덩관절(Hip Joint) 모음(Adduction) 시작, D. 엉덩관절(Hip Joint) 모음(Adduction) 끝

실습활동 9-6 엉덩관절(Hip joint) 안쪽돌림/가쪽돌림(Internal Rotation/External Rotation)

피검자의 자세	자세 1. 앉아서 무릎과 엉덩관절은 각 90° 굽힘 자세 자세 2. 엎드려서 무릎관절은 90° 굽힘 자세			
지점선	무릎뼈(Patellar) 중앙			
고정팔	바닥면에서 수직선 정렬			
움직임팔	바닥면에서 수직선이 되고, 하퇴(Lower leg)의 중간선과 안쪽/가쪽 복사뼈(Medial/Lateral malleolus)의 중앙에 정렬			
평균 가동범위	안쪽돌림(Internal Rotation)		가쪽돌림(External Rotation)	
	0~45°		0~45°	
	피검사1	피검자2	피검사1	피검자2
자세 1	°	°	°	°
자세 2	°	°	°	°
평균값	°	°	°	°
비교(±)	°	°	°	°

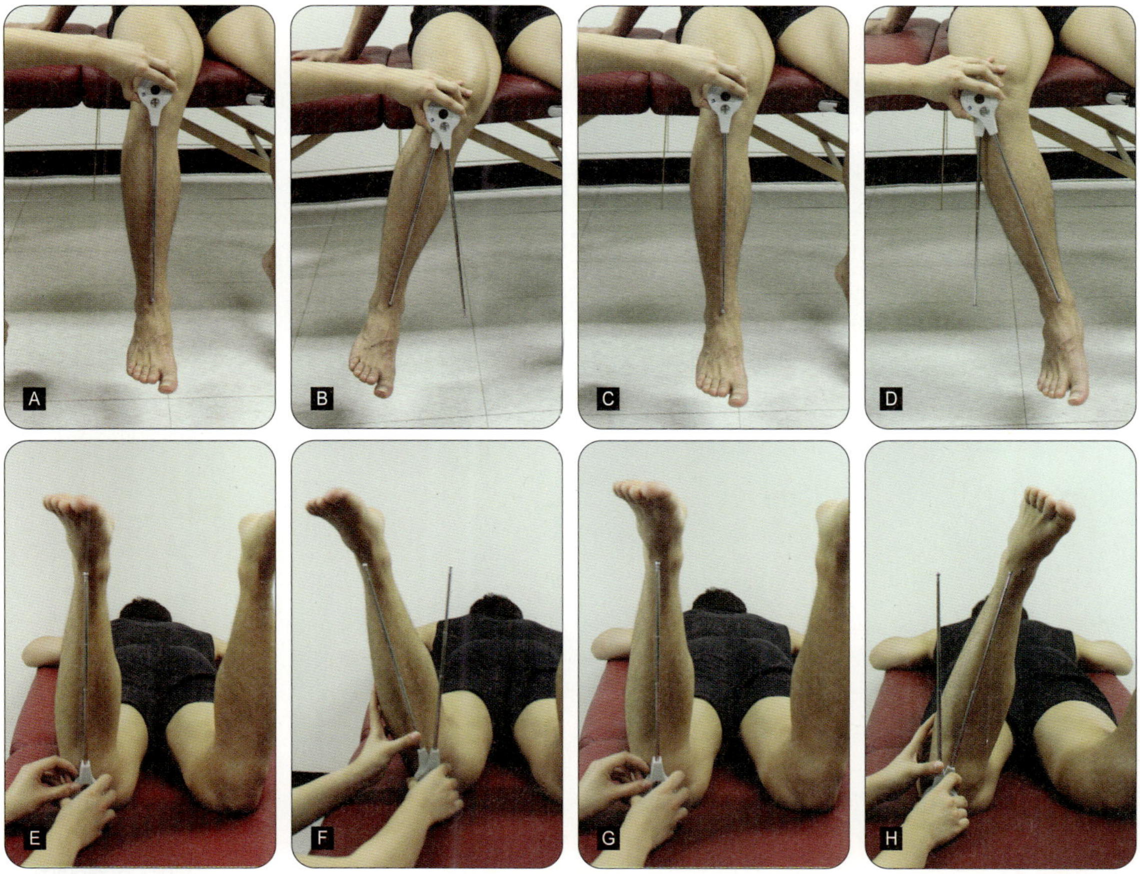

그림 9-7 A. 자세 1 엉덩관절(Hip Joint) 안쪽돌림(Internal Rotation) 시작, B. 자세 1 엉덩관절(Hip Joint) 안쪽돌림(Internal Rotation) 끝, C. 자세 1 엉덩관절(Hip Joint) 가쪽돌림(External Rotation) 시작, D.자세 1 엉덩관절(Hip Joint) 가쪽돌림(External Rotation) 끝, E. 자세 2 엉덩관절(Hip Joint) 안쪽돌림(Internal Rotation) 시작, F. 자세 2 엉덩관절(Hip Joint) 안쪽돌림(Internal Rotation) 끝, G. 자세 2 엉덩관절(Hip Joint) 가쪽돌림(External Rotation) 시작, H. 자세 2 엉덩관절(Hip Joint) 가쪽돌림(External Rotation) 끝

실습활동 9-7 손목관절(Radiocarpal joint) 굽힘/폄(Flexion/Extension)

피검자의 자세	앉아서 손목관절이 테이블 밖으로, 손바닥이 바닥 면을 향하게, 아래팔(Forearm)을 테이블에 올려놓은 자세			
지점선	손목관절의 가쪽 중앙			
고정팔	자뼈(Ulna)의 가쪽 중간선 정렬			
움직임팔	5번 손허리뼈(Metacarpal)의 중간선 정렬			
평균 가동범위	굽힘(Flexion)		과다폄(Hyperextension)	
	0~50°		0~70°	
	피검사1	피검자2	피검사1	피검자2
자세	°	°	°	°
비교(±)	°	°	°	°

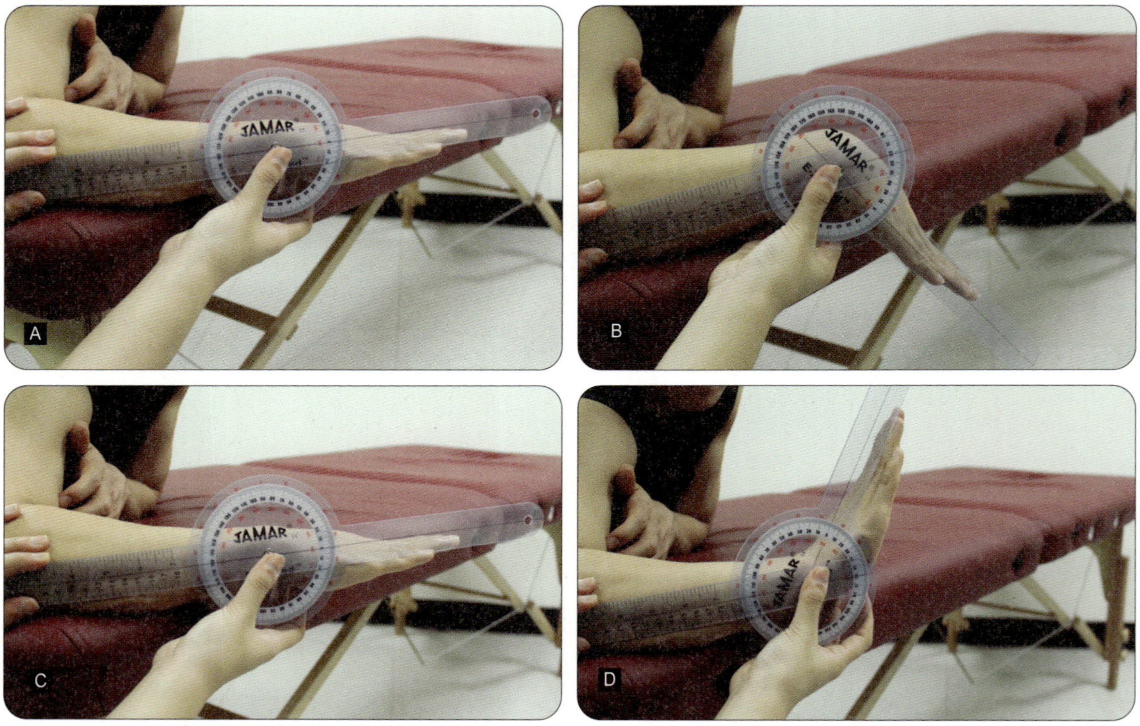

그림 9-8 • A. 손목관절(Radiocarpal Joint) 굽힘(Flexion) 시작, B. 손목관절(Radiocarpal Joint) 굽힘(Flexion) 끝, C. 손목관절(Radiocarpal Joint) 폄(Extension) 시작, D. 손목관절(Radiocarpal Joint) 폄(Extension) 끝

실습활동 9-8 손목관절(Radiocarpal joint) 벌림/모음(Abduction/Adduction)

피검자의 자세	앉아서 손바닥 면과 아래팔(Forearm)을 테이블에 올려놓고, 어깨관절 90° 벌림과 팔굽관절 90° 굽힘을 유지한 자세			
지점선	손등의 손목관절 중앙과 알머리뼈(Capitate)에 정렬			
고정팔	아래팔(Forearm) 등쪽면 중간선에 정렬			
움직임팔	3번 손허리뼈(Metacarpal) 등쪽면 중간선 정렬			
평균 가동범위	벌림(Abduction)		모음(Adduction)	
	0~25°		0~35°	
	피검사1	피검자2	피검사1	피검자2
자세	°	°	°	°
비교(±)	°	°	°	°

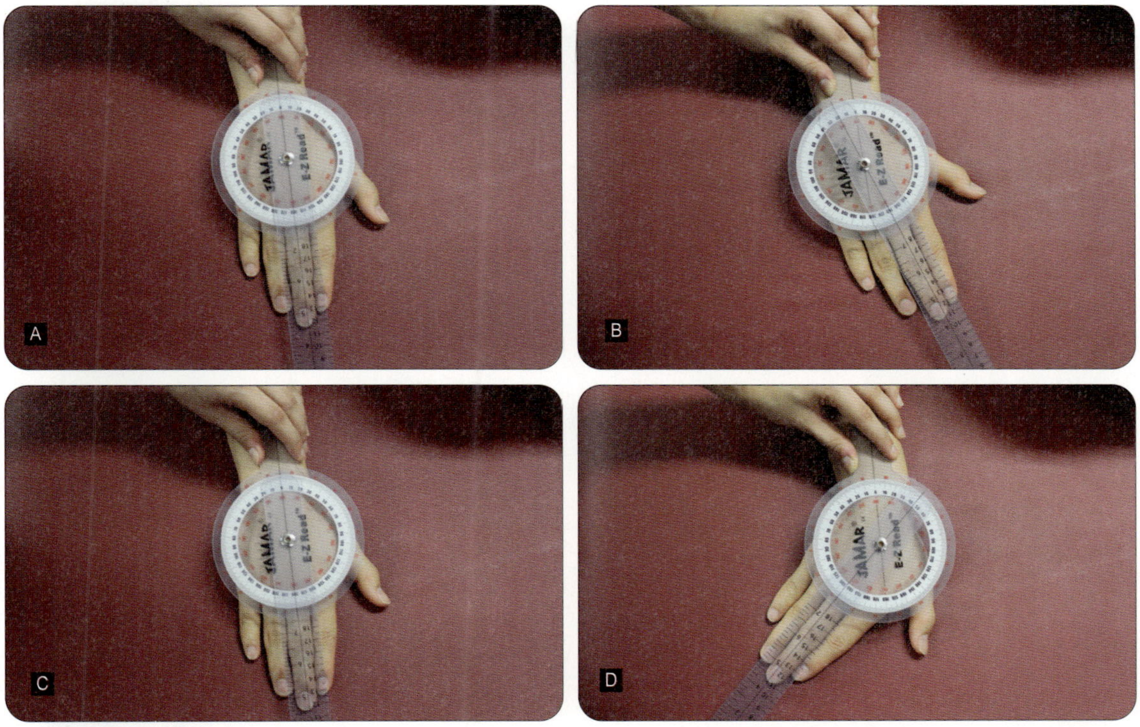

그림 9-9 A. 손목관절(Radiocarpal Joint) 벌림(Abduction) 시작, B. 손목관절(Radiocarpal Joint) 벌림(Abduction) 끝, C. 손목관절(Radiocarpal Joint) 모음(Adduction) 시작, D. 손목관절(Radiocarpal Joint) 모음(Adduction) 끝

실습활동 9-9 팔꿉관절(Elbow joint) 굽힘/과다폄(Flexion/Hyperextension)

피검자의 자세	누워서 양팔은 몸통 옆에 가지런하게 편 자세. 공간 확보를 위해 타월을 접어서 위팔뼈(Humerus)의 먼쪽 아래에 둔다.			
지점선	위팔뼈(Humerus) 가쪽 위관절융기 중앙			
고정팔	위팔뼈(Humerus) 가측 중간선에서 어깨뼈 봉우리돌기(Acromion process)와 정렬			
움직임팔	노뼈(Radius) 가측 중간선에서 노뼈붓돌기(Raidal styloid)와 정렬			
평균 가동범위	굽힘(Flexion)		과다폄(Hyperextension)	
	0~145°		0° (~ -5°)	
	피검사1	피검자2	피검사1	피검자2
자세	°	°	°	°
비교(±)	°	°	°	°

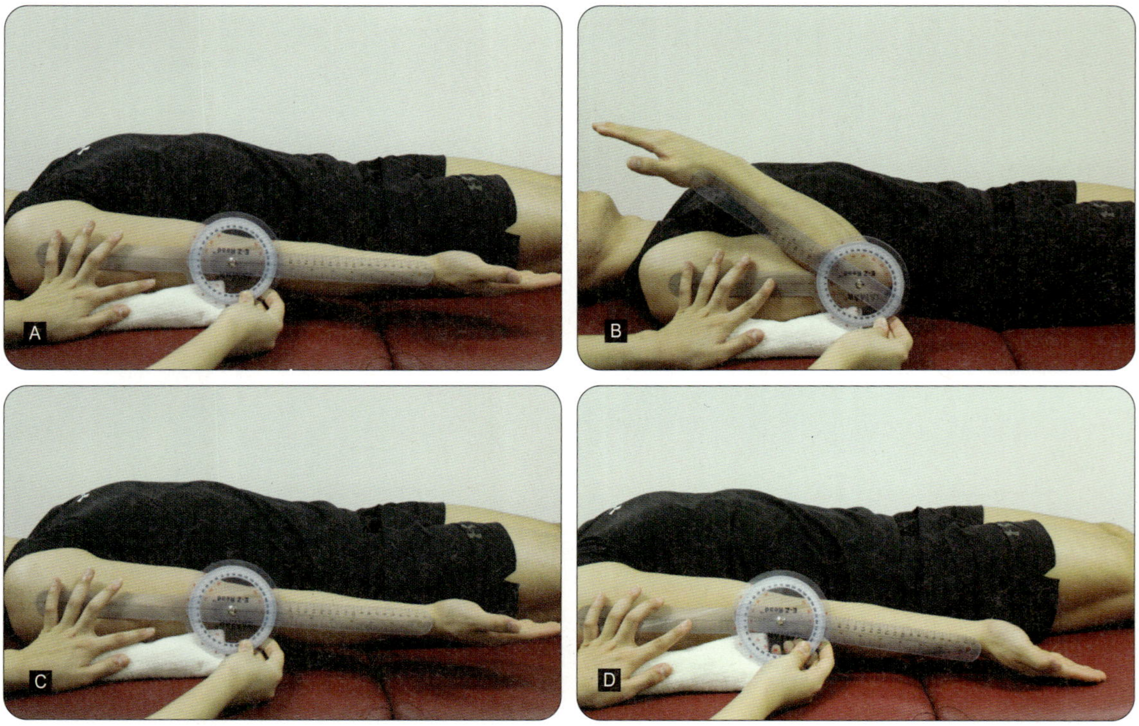

그림 9-10 A. 팔꿉관절(Elbow Joint) 굽힘(Flexion) 시작, B. 팔꿉관절(Elbow Joint) 굽힘(Flexion) 끝, C. 팔꿉관절(Elbow Joint) 과다폄(Hyperextension) 시작, D. 팔꿉관절(Elbow Joint) 과다폄(Hyperextension) 끝

실습활동 9-10 어깨관절(Shoulder joint) 굽힘/과다폄(Flexion/Hyperextension)

피검자의 자세	자세 1. 누워서 양팔은 몸통 옆에 가지런하게 편 자세 자세 2. 엎드려서 양팔은 몸통 옆에 가지런하게 편 자세			
지점선	어깨뼈 봉우리돌기(Acromion process)와 정렬			
고정팔	테이블면과 평행하게 정렬			
움직임팔	위팔뼈(Humerus) 가쪽 중간선과 정렬			
평균 가동범위	굽힘(Flexion)		과다폄(Hyperextension)	
	0~180°		0~60°	
	피검사1	피검자2	피검사1	피검자2
자세 1	°	°	×	×
자세 2	×	×	°	°
비교(±)	°	°	°	°

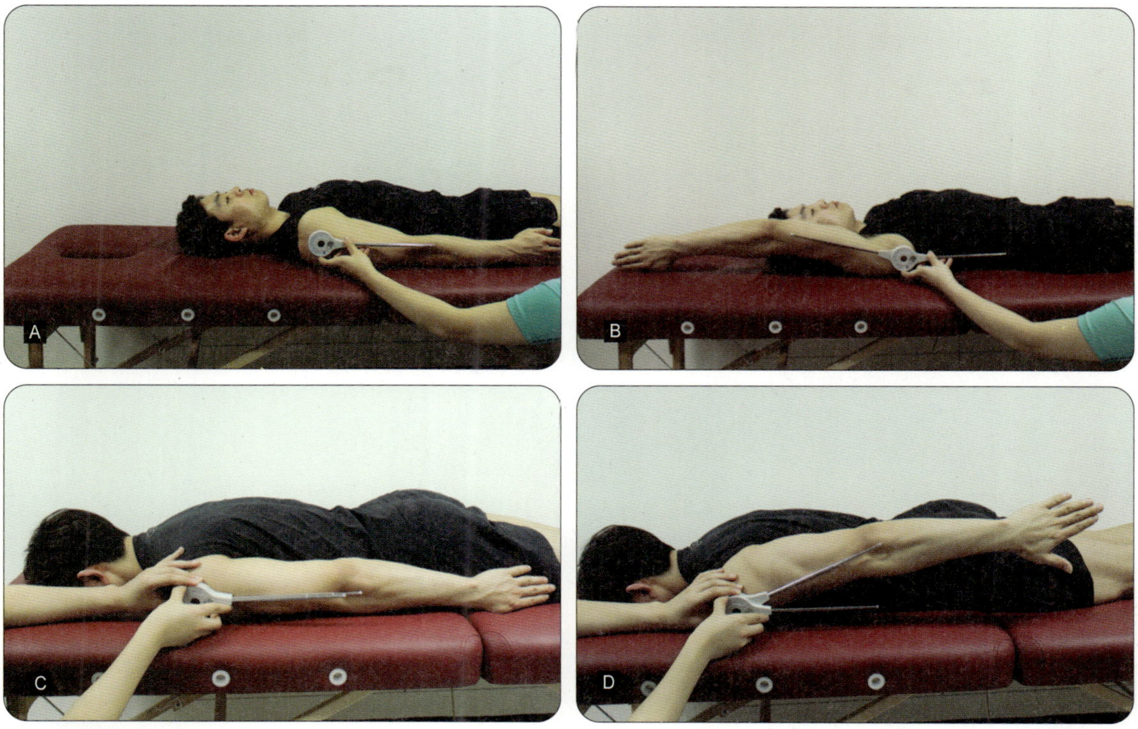

그림 9-11 A. 어깨관절(Shoulder Joint) 굽힘(Flexion) 시작, B. 어깨관절(Shoulder Joint) 굽힘(Flexion) 끝, C. 어깨관절(Shoulder Joint) 과다폄(Hyperextension) 시작, D. 어깨관절(Shoulder Joint) 과다폄(Hyperextension) 끝

실습활동 9-11 어깨관절(Shoulder joint) 벌림/모음(Abduction/Adduction)

피검자의 자세	누워서 양팔은 몸통 옆에 가지런하게 편 자세			
지점선	어깨뼈 봉우리돌기(Acromion process)와 앞쪽 중앙			
고정팔	테이블 옆면과 평행되게 정렬			
움직임팔	위팔뼈(Humerus) 앞쪽 중간선과 정렬			
평균 가동범위	벌림(Abduction)		모음(Adduction)	
	0~180°		0°~45°	
	피검사1	피검자2	피검사1	피검자2
자세	°	°	°	°
비교(±)	°	°	°	°

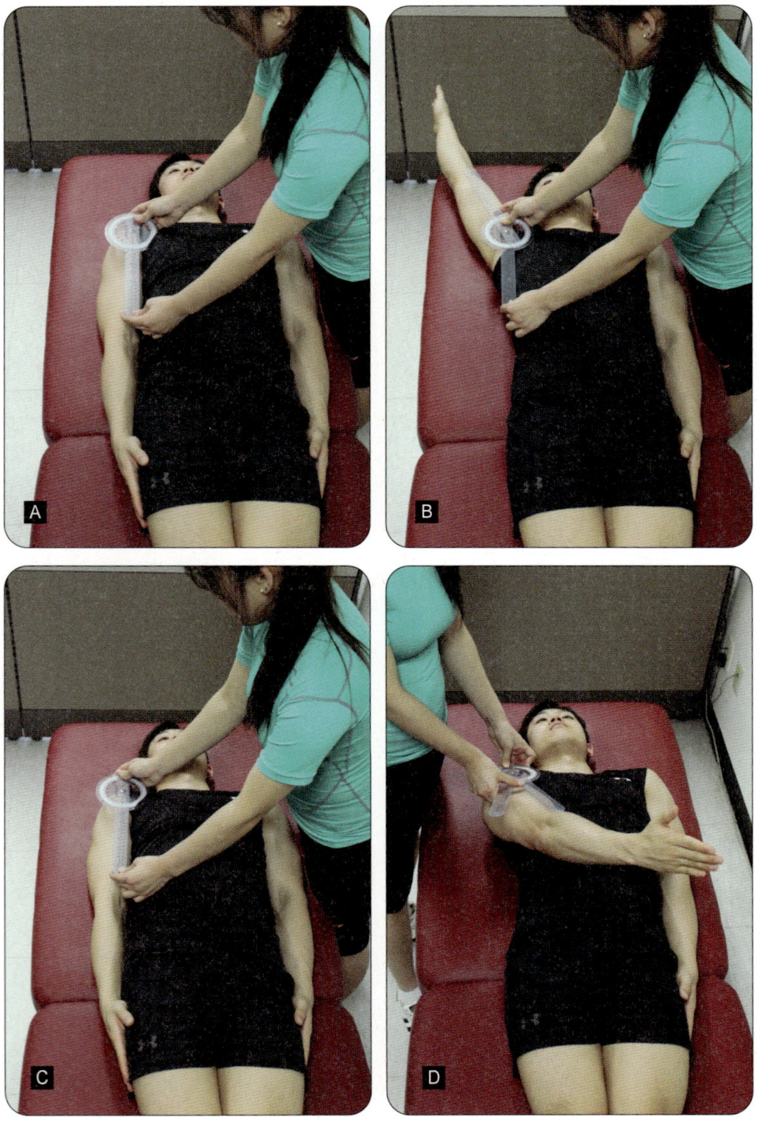

그림 9-12 A. 어깨관절(Shoulder Joint) 벌림(Abduction) 시작, B. 어깨관절(Shoulder Joint) 벌림(Abduction) 끝, C. 어깨관절(Shoulder Joint) 모음(Adduction) 시작, D. 어깨관절(Shoulder Joint) 모음(Adduction) 끝

실습활동 9-12 어깨관절(Shoulder joint) 안쪽돌림/가쪽돌림 (Internal Rotation/External Rotation)

피검자의 자세	누워서 어깨관절 벌림 90°, 팔굽관절 90° 굽힘, 반대편 팔은 가지런히 몸통 옆에 둔 자세. 공간 확보를 위해 타월을 접어서 팔꿈치 아래에 둔다.			
지점선	팔꿈치 머리돌기(Olecranon process) 가쪽 중앙			
고정팔	바닥면에서 수직선 정렬			
움직임팔	자뼈(Ulna)의 가쪽 중간선 정렬			
평균 가동범위	안쪽돌림		가쪽돌림	
	0~80°		0~90°	
	피검사1	피검자2	피검사1	피검자2
자세	°	°	°	°
비교(±)	°	°	°	°

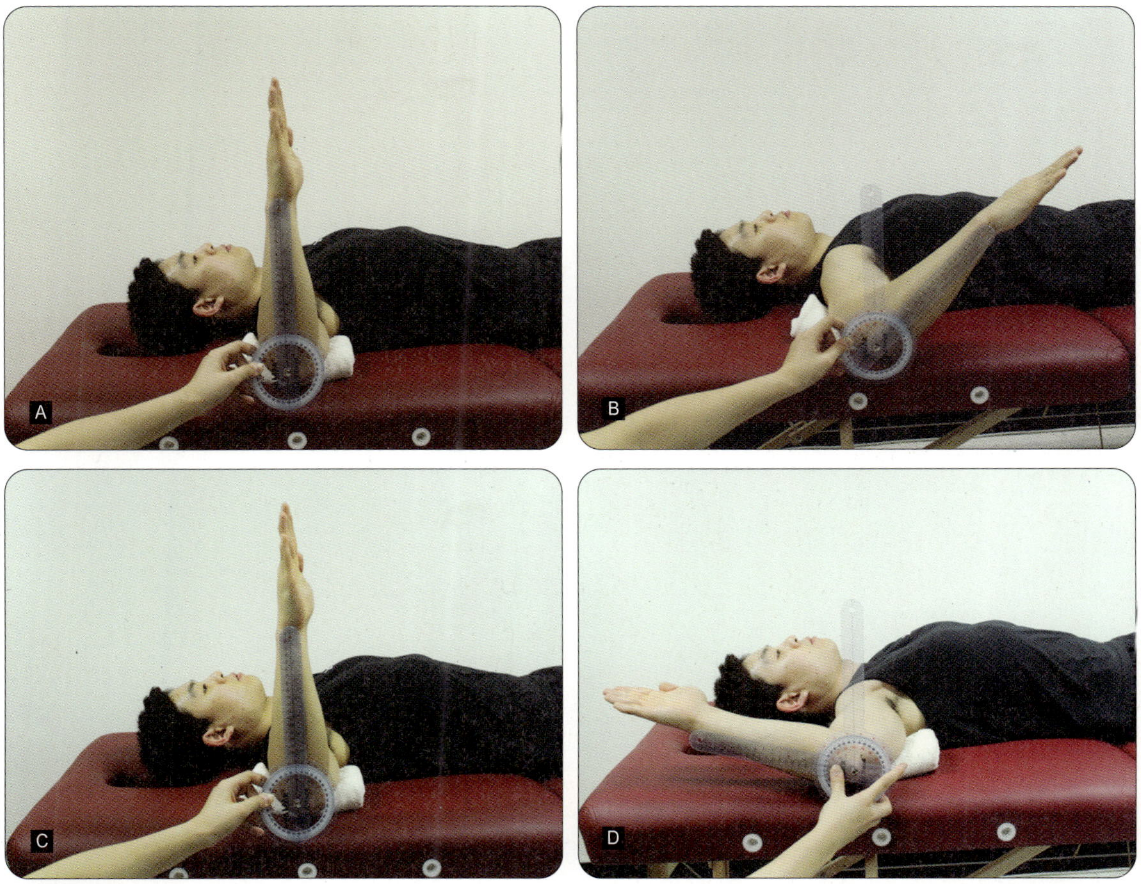

그림 9-13 A. 어깨관절(Shoulder Joint) 안쪽돌림(Internal Rotation) 시작, B. 어깨관절(Shoulder Joint) 안쪽돌림(Internal Rotation) 끝, C. 어깨관절(Shoulder Joint) 가쪽돌림(External Rotation) 시작, D. 어깨관절(Shoulder Joint) 가쪽돌림(External Rotation) 끝

참고문헌

1. Magee, D. J. (2014). Orthopedic physical assessment (6th ed.). St. Louis, MO: Saunders
2. Norkin, C. C., & White, D. J. (2017). Measurement of joint motion: A guide to goniometry. (5th ed.). Philadelphia, PA: F. A. Davis.
3. Starkey, C., & Brown, S. D. (2015). Examination of orthopedic and athletic Injuries (4th ed.). Philadelphia, PA: F. A. Davis.

CHAPTER 10

평형성검사

Balance Assessment

균형감각은 대상과 목적에 따라 다양한 방법으로 측정할 수 있다. 신체 균형은 정적 혹은 동적인 자세에서 평형성을 잃지 않고 인체의 무게 중심을 제어하면서, 안정된 자세를 유지하는 것을 일컫는다. 신체균형 유지를 담당하는 기관으로는 고유수용기(Proprioceptor), 시각(Vision), 전정기관(Vestibular organ)이 있는데 균형을 유지함에 있어서는 이 3가지 감각기관으로부터 제공받은 정보를 분석하고 효율적으로 활용하여야 한다. 고유수용기는 근, 건, 관절 등으로부터 전달되는 감각을 이용하여 공간에서 위치, 방향, 움직임 등을 파악하여 인체의 균형과 안전성을 유지하게 한다. 또한 시각을 통해 거리, 깊이, 형태, 명암, 속도 등의 정보를 제공받으며, 귀의 안쪽에 위치한 전정기관은 수직, 수평, 회전 등의 정보를 감지하여 인체의 평형을 유지하는 감각기관이다.

그림 10-1 평형성이 요구되는 스포츠 종목

다음에 나오는 평형성검사를 측정해보자.

2~3명씩 조를 구성하여 각 조의 구성원은 돌아가며 피검자와 검사자의 역할을 해보자.

롬버그검사(Romberg Test)

측정방법

- 신발을 벗고 양 발은 모은 상태로 양 팔은 몸통 옆에다 둔 채 선다.
- 곧게 선 자세를 하고 눈을 감는다.
- 검사자는 피검자가 검사 중, 갑자기 쓰러지는 것을 방지하기 위해, 피검자의 옆이나 뒤쪽에 위치한다.
- 검사시간은 1분 정도로 하고, 1분 내에 눈을 뜨거나, 흔들리거나, 쓰러지면 평형성이 부족한 양성 반응을 의미한다.

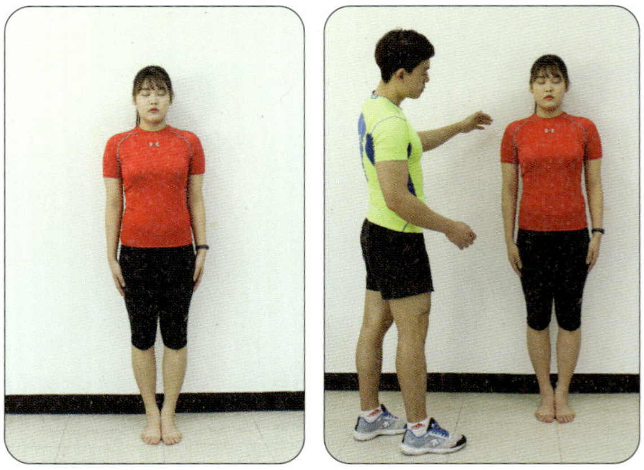

그림 10-2 롬버그검사 피검자와 검사자 자세

눈감고 외발서기

측정방법

- 신발은 벗고 양 발은 약간 벌리고, 양 팔은 어깨벌림 90°로 하여 선다.
- 준비자세가 되면 한발을 들어 서있는 다리의 무릎높이 옆에 둔다.
- 시작 구령과 함께 눈을 감는다.
- 눈을 감는 순간부터 측정이 시작되며, 2회 실시하여 좋은 수치를 기록한다.

검사종료

- 양팔을 내릴 때
- 들고있는 다리의 발이 바닥을 닿을 때
- 몸이 심하게 움직일 때

그림 10-3 눈감고 외발서기 자세

표 10-1 눈감고 외발서기 등급표

눈감고 외발서기검사 평가표	
평가	점수 (초)
매우우수	> 50
우수	40~50
보통	25~39
부족	10~24
매우부족	< 10

황새균형서기검사(Stork Balance Stand Test)

측정방법

- 신발을 벗고 양손은 엉덩뼈능선에 위에 위치한다.
- 지지하는 다리의 무릎 안쪽에 지지하지 않는 다리의 발바닥을 가져다 댄다.
- 검사 시 피검자는 지지하는 발꿈치를 들어올려 발가락으로 규형을 유지한다.
- 피검자가 균형을 잃을 때까지 3번을 측정하여 최고치를 기록한다.
- 수치는 초 단위로 기록한다.

검사종료

- 양 손이 엉덩뼈능선에서 떨어질 때
- 지지하는 다리의 발이 자리에서 이탈되었을 때
- 지지하지 않는 발이 검사하는 다리의 무릎에서 이탈되었을 때
- 지지하는 다리의 발꿈치가 바닥에 닿았을 때

그림 10-4 황새균형서기검사의 자세

표 10-2 황새균형서기 평가표

황새균형서기검사 평가표	
평가	점수 (초)
매우우수	> 50
우수	40~50
보통	25~39
부족	10~24
매우부족	< 10

Balance Error Scoring System (BESS) 검사

BESS 검사는 뇌진탕 등 머리에 스포츠 손상이 있은 후 정적 균형검사를 통해 경기복귀 가능성의 여부를 알아보는 방법이다. 장소와 장비의 구애를 거의 받지 않는 장점이 있다. 손상 전 BESS검사 측정이 필요하며, 손상 전후 검사를 비교한다.

측정방법

- 선 자세는 아래의 3가지로 두 종류의 다른 바닥 면에서 실시한다.
- 양발서기(그림 10-5-1, 10-5-4): 양 발을 붙이고 선다.
- 외발서기(그림 10-5-2, 10-5-5): 비우성다리(Non-dominant leg)로 서며, 우성다리의 엉덩관절은 20°, 무릎은 45-90° 정도 굽힌다. 우성다리는 볼차기(정확도)에서 선호하는 다리로 정한다.

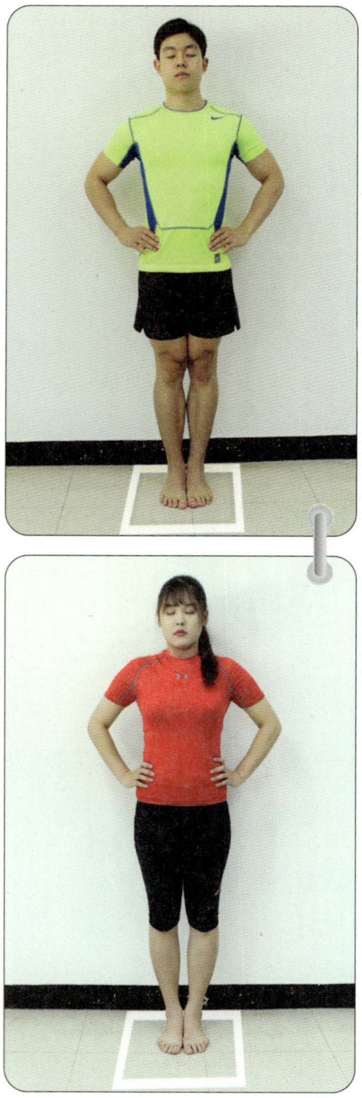

그림 10-5-1 편평한 면 위에서 양발서기

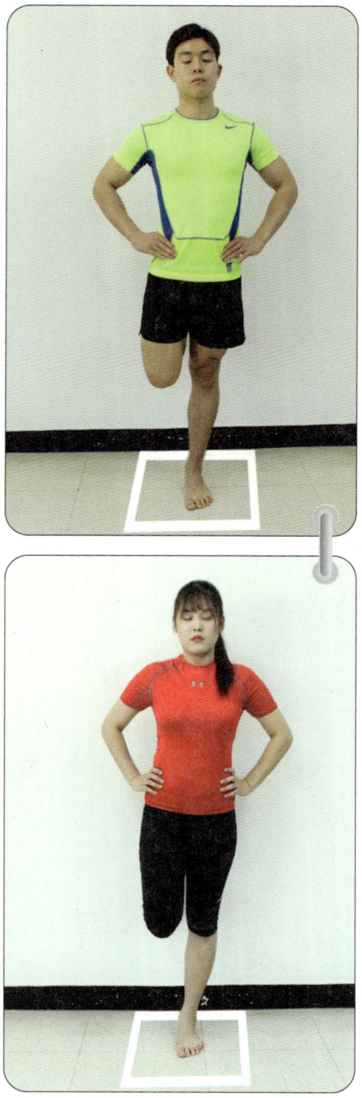

그림 10-5-2 편평한 면 위에서 외발서기

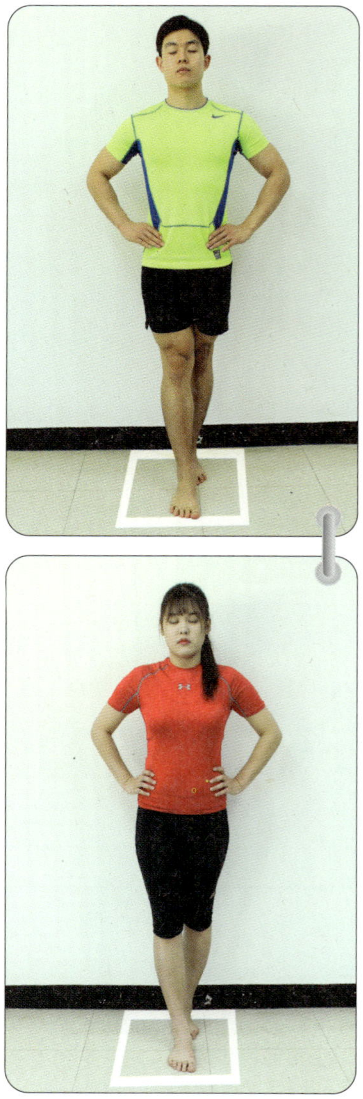

그림 10-5-3 편평한 면 위에서 일자서기

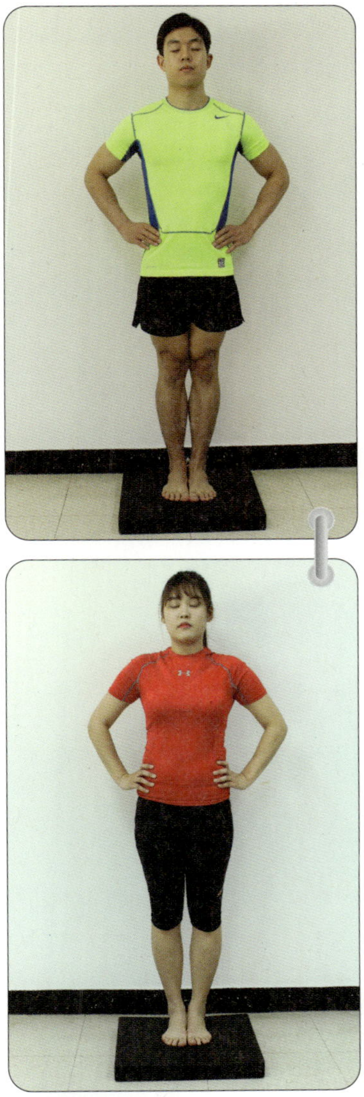

그림 10-5-4 폼(Form) 위에서 양발서기

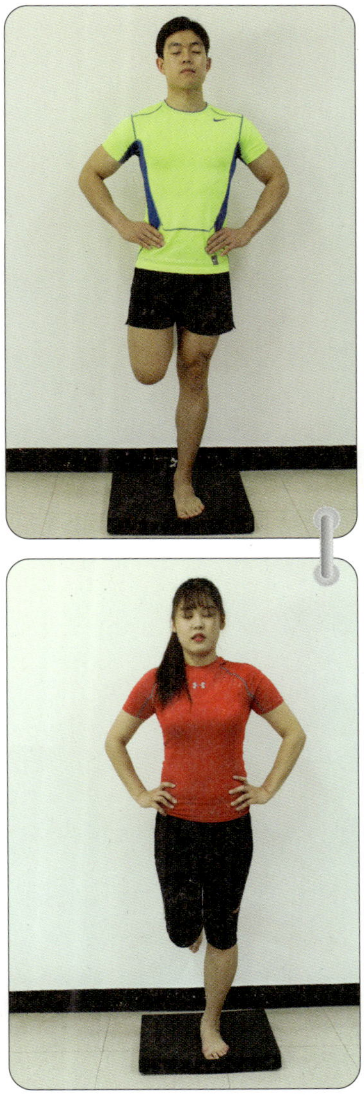

그림 10-5-5 폼(Form) 위에서 외발서기

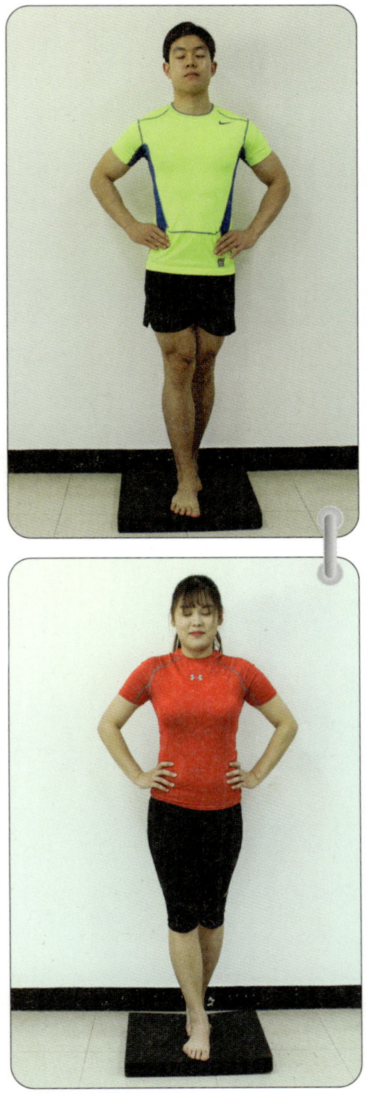

그림 10-5-6 폼(Form) 위에서 일자서기

표 10-3 BESS 검사 규준표

BESS 검사 규준표									
성별	연령(세)	평균	표준편차	우수	평균이상	평균	평균이하	부족	아주부족
남성	20~29	10.4	4.4	0~4	5~6	7~14	15	16~21	> 21
	30~39	11.5	5.5	0~4	5~6	7~15	16~18	19~26	> 26
	40~49	12.4	5.7	0~5	6~7	8~16	17~20	21~27	> 27
	50~54	13.6	6.9	0~6	7	8~17	18~23	24~28	> 29
	55~59	16.4	7.2	0~7	8~10	11~20	21~28	29~34	> 34
성별	연령(세)	평균	표준편차	우수	평균이상	평균	평균이하	부족	아주부족
여성	20~29	11.9	5.1	0~5	6~7	8~14	15~19	20~25	> 25
	30~39	11.4	5.6	0~4	5~6	7~15	16~19	20~27	> 27
	40~49	12.7	6.9	0~5	6~7	8~15	16~20	21~29	> 29
	50~54	15.1	8.2	0~7	8~9	10~20	21~24	25~35	> 35
	55~59	16.7	8.2	C~8	9~11	11~21	22~28	29~39	> 39

- 일자서기(그림 10-5-3, 10-5-6): 우성다리가 앞쪽에 위치하고, 비우성다리의 발가락이 우성다리의 발꿈치에 닿도록 한다.
- 측정 바닥면은 편평한 면과 쿠션이 있는 폼(Form) 위에서 실시한다.
- 피검자는 눈을 감은 상태로 양 손은 엉덩뼈능선 위에 위치하고 서 있는 자세를 유지한다.

점수부여 기준

각 검사는 20초 동안 실시되고 아래의 동작이 나오면 각 1점씩 부가되며, 아래의 동작들이 동시에 나올 시에도 1점씩 부가된다. 각 검사당 최대 부가점수는 10점이다.

- 엉덩뼈능선에 한 손 혹은 양손이 떨어질 경우
- 눈을 뜰 경우
- 발디딤, 비틀거림 혹은 넘어진 경우
- 엉덩관절의 벌림 혹은 굽힘이 30° 이상인 경우
- 발가락이나 발꿈치가 바닥면에서 떨어진 경우
- 검사 중 요구되는 자세를 최소 5초이상 유지 못했을 경우는 10점 부여

Star Excursion Balance Test (SEBT)

SEBT는 유연성, 근력, 고유수용감각 등이 요구되는 동적인 균형을 측정하는 방법이다. 이 검사는 스포츠 손상 예방, 스포츠 수행력, 스포츠 재활 측면에서 다양하게 사용되고 있다.

그림 10-6-1 SEBT

측정방법

- 길이 1.8~2.4m 정도의 테이프 4개를 준비하여 테이프 2개는 십자(+) 모양, 2개는 십자 사이에 엑스(×) 모양으로 각 테이프는 45° 간격을 유지하여 바닥에 붙힌다.
- 중앙을 기점으로 각 테이프의 길이를 cm 수치를 표기한다.
- 피검자는 테이프의 중앙에 측정하는 다리로 선다.
- 측정하지 않은 다리는 측정하는 다리 바로 옆에 나란히 위치하고, 측정하는(서 있는) 다리가 오른쪽이면 시계반대 방향으로, 왼쪽이면 시계 방향으로 순차적으로 내 딛는다.
  예) 오른쪽 다리 측정시: 왼다리의 뻗는 방향은 앞, 앞좌측, 좌측, 뒤좌측, 뒤, 뒤우측, 우측, 앞우측의 순서.
- 양쪽(건측과 환측)을 비교하여 뻗 거리가 대략적으로 ±15% 이상 차이가 나면 양성 반응이다.
- 만성적인 발목 손상이 있을때, 손상 예측 위험도 측정에서 가장 중요시 되는 수치는 앞, 뒤좌측, 뒤우측 방향이다.
- 거리는 0.5cm 단위로 기록한다.

그림 10-6-2 오른다리 측정시 검사 방향 순서

그림 10-6-3 왼다리 측정시 검사 방향 순서

Y 균형검사(Y Balance Test)

인체 중심 제어 능력을 측정하는 동적인 균형검사이다. 이 검사는 스포츠 수행력이나 좌우측 기능을 비교하여 하지 스포츠 손상을 예방하는 척도로도 사용된다.

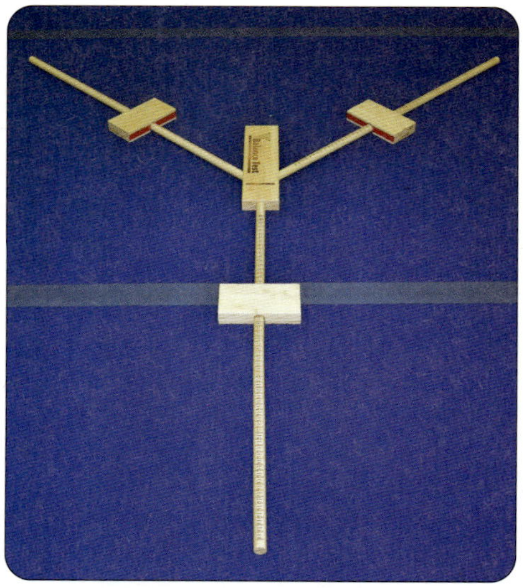

그림 10-7-1 Y 균형검사(Y Balance Test) 도구

측정방법

- 검사 전, 양쪽다리 길이를 측정한다. 다리길이는 피검자가 누운자세에서 위앞엉덩뼈가시(Anterior superior iliac spine)에서 안쪽 복사뼈(Medial malleolus)까지의 길이를 기록한다(그림 10-6-2).
- 측정하는 다리로 균형을 유지하며 검사기기 중앙판 위에 올라선다. 이때 발가락은 중앙판 빨간 선을 넘지 않게 한다(그림 10-7-3).
- 균형을 유지하며 반대쪽 발은 검사기기 미는 발판의 앞쪽 면에 닿은 채 반동 없이 최대한 뻗으며 발판을 민 후 제자리로 돌아온다.
- 측정 순서는 다음과 같으며, 측정 후 오른쪽 세 방향의 수치와 왼쪽의 세 방향의 수치를 아래 공식에 대입한다.
- 오른쪽 앞 방향(그림 10-7-4)
- 왼쪽 앞 방향(그림 10-7-5)
- 오른쪽 뒤안쪽 방향 (그림 10-7-6)
- 왼쪽 뒤안쪽 방향 (그림 10-7-7)
- 오른쪽 뒤가쪽 방향 (그림 10-7-8)
- 왼쪽 뒤가쪽 방향 (그림 10-7-9)
- 각 방향 측정은 6번 연습 후, 3번을 하며 미는 판 방향에 길이 자에 나와 있는 길이를 0.5cm 단위로 기록한다. 각 방향 3번의 측정 중 최고의 거리를 기록한다.
- 양쪽(건측과 환측) Y 균형검사 점수를 비교하며 대략적으로 ±15% 이상 차이가 나면 양성반응이다.

주의사항

- 미는 판은 반동 없이 미는 발이 닿은 채 민다.
- 미는 판을 민 후 제자리로 돌아와야 한다.
- 미는 판을 민 후 제자리로 오기 전 바닥에 닿지 않게 한다.
- 미는 판을 차면 안된다.

$$\text{Y 균형검사 점수} = \frac{\text{앞+뒤안쪽+뒤가쪽}}{3 \times \text{다리길이}} \times 100$$

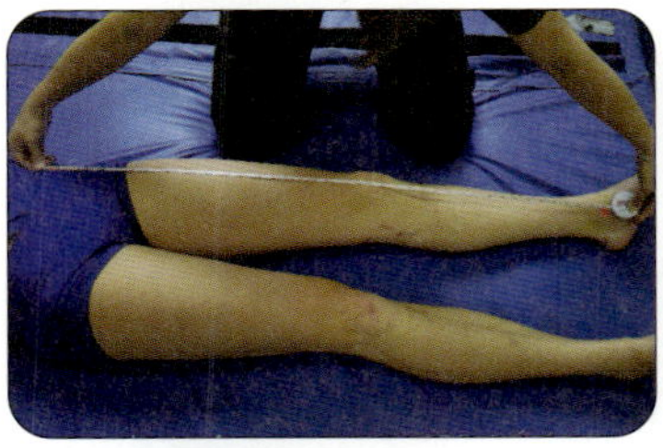

그림 10-7-2

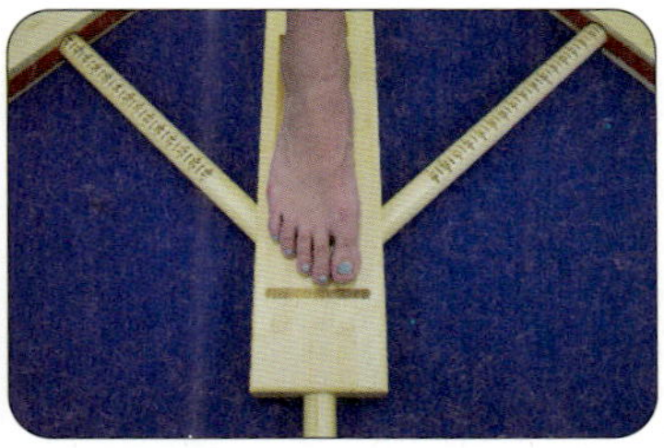

그림 10-7-3

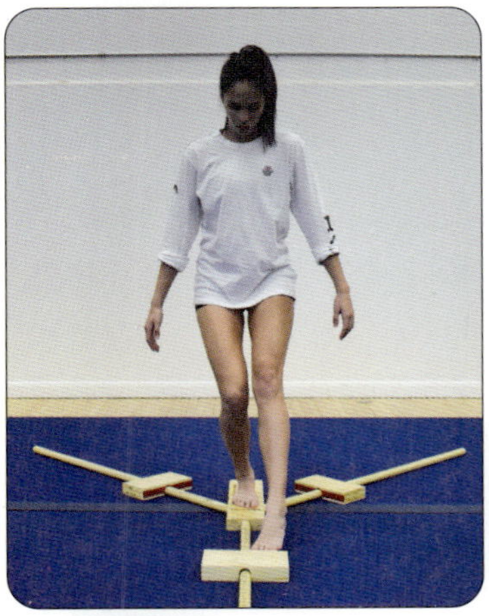

그림 10-7-4

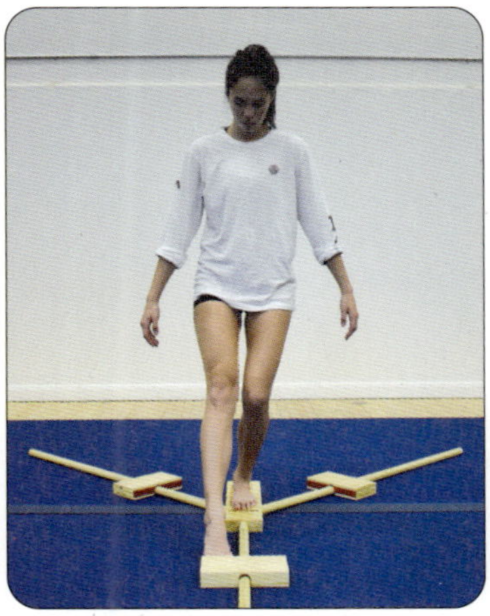

그림 10-7-5

그림 10-7-6

그림 10-7-7

그림 10-7-8

그림 10-7-9

실습활동 10-1 2~3명씩 조를 구성하여 조의 구성원이 롬버그검사 측정을 각 돌아가며 피검자와 검사자의 역할을 해보자.

롬버그검사(Romberg Test)		
	결과	
피검자1	음성( )	양성( )
피검자2	음성( )	양성( )

실습활동 10-2 2-3명씩 조를 구성하여 각 조의 구성원이 눈감고외발서기 검사 측정을 돌아가며 피검자와 검사자의 역할을 해보자.

눈감고외발서기검사(초)			
	측정1	측정2	평가
피검자1			
피검자2			

실습활동 10-3 2~3명씩 조를 구성하여 각 조의 구성원이 황새균형서기검사 측정을 돌아가며 피검자와 검사자의 역할을 해보자.

황새균형서기검사(초)				
	검사1	검사2	검사3	평가
피검자1				
피검자2				

실습활동 10-4 2~3명씩 조를 구성하여 BESS 검사를 각 조의 구성원이 돌아가며 피검자와 검사자의 역할을 해보자.

BESS 검사							
피검자	바닥면	자세(점수)			총점	BESS 총점(평평한 면+폼)	평가등급
		양발서기	외발서기	일자서기			
피검자1	평평한 면						
	폼						
피검자2	평평한 면						
	폼						

실습활동 10-5 2~3명씩 조를 구성하여 각 조의 구성원이 SEBT를 돌아가며 피검자와 검사자의 역할을 해보자.

SEBT 기록표(cm)						
	오른다리 측정	왼다리 측정	비고	오른다리 측정	왼다리 측정	비고
피검자	피검자1	피검자1		피검자2	피검자2	
다리 뻗는 방향 (왼다리/오른다리)						
앞/앞						
앞좌측/앞우측						
좌측/우측						
뒤좌측/뒤우측						
뒤/뒤						
뒤우측/뒤좌측						
우측/좌측						
앞우측/앞좌측						

실습활동 10-6 2~3명씩 조를 구성하여 Y 균형검사를 각 조의 구성원이 돌아가며 피검자와 검사자의 역할을 해보자.

Y 균형검사					
피검자	측정다리	방향	거리(cm)	점수*	비고
피검자1	오른쪽	앞			
		뒤안쪽			
		뒤가쪽			
	왼쪽	앞			
		뒤안쪽			
		뒤가쪽			
피검자2	오른쪽	앞			
		뒤안쪽			
		뒤가쪽			
	왼쪽	앞			
		뒤안쪽			
		뒤가쪽			

$$\text{* Y 균형검사 점수} = \frac{\text{앞+뒤안쪽+뒤가쪽}}{3 \times \text{다리길이}} \times 100$$

참고문헌

1. Hayward, V. H., & Gibson, A. L. (2014). Advanced fitness assessment and exercise prescription (7th ed.). Champaign, IL: Human Kinetics.
2. Johnson, B. L., & Nelson, J. K. (1986). Practical measurements for evaluation in physical education (4th ed.), Minneapolis, MN: Burgess.
3. Shaffer, S.W., Teyhen, D. S., Lorenson, C. L., Warren, R. L., Koreerat, C.M., Straseske, C. A., & Childs J. D. (2013). Y-balance test: A reliability study involving multiple raters. *Military Medicine*, 178(11), 1264–1270.

CHAPTER 11

순발력검사

Power Assessment

순발력은 짧은 시간에 최대한의 힘을 발휘하는 능력으로 하지 근력을 이용한 수평점프, 수직점프, 후방점프, 단거리달리기와 상지 근력을 이용한 포환, 창, 원반던지기 등이 있다. 물리학에서 순발력은 초당 얼마만큼의 에너지를 생산하느냐이며, 공식은 순발력 = 힘(Force) × 속도(Velocity) 이다. 예를 들면, 단거리 달리기에서 자신의 체중을 효율적으로 이동하여 빠른 스피드로 달리는 선수가 상대적으로 느린 선수보다 결승점에 빨리 도달 하는 것으로 이해할 수 있다.

그림 11-1 순발력이 요구되는 스포츠 종목

제자리 멀리뛰기 검사(Standing Jump Test)

측정방법

- 피검자는 출발선 위에 10~30cm 정도 발을 벌리고 편한 자세를 취한다(그림 11-2-A).
- 출발선 표시를 넘지 않도록 서서 팔이나 몸, 다리로 충분하게 반동을 주어 가능한 멀리 뛴다(그림 11-2-B).
- 출발선에서 가장 가까운 발뒤꿈치의 착지점까지의 거리를 출발선과 직각으로 측정한다.
- 착지 후 몸의 일부분이 착지부위 뒤쪽 바닥에 닿게 되면 닿은 부분까지의 거리를 기록한다.
- 2회 실시하여 좋은 수치를 기록한다.
- 수치는 0.1cm 단위로 기록한다.

그림 11-2 제자리 멀리뛰기 준비(A)와 착지(B) 자세

표 11-1 남성 제자리멀리뛰기 백분위 기준(cm)

백분위 \ 연령	19~24	25~29	30~34	35~39	40~44	45~49	50~54	55~59	60~64
95	270.0	266.0	250.0	240.0	245.5	235.0	225.9	220.0	209.6
90	260.0	260.0	242.0	230.0	235.0	220.0	215.0	210.0	191.2
85	255.0	257.7	235.0	225.0	225.0	215.0	210.0	200.0	185.0
80	250.0	250.2	230.0	220.0	220.0	210.0	205.0	200.0	180.0
75	245.0	247.8	225.0	215.0	215.0	206.0	200.3	195.0	173.0
70	240.0	243.0	220.0	211.8	211.8	203.0	200.0	190.0	170.0
65	237.0	240.0	219.0	210.0	210.0	200.0	196.0	185.0	170.0
60	230.0	235.0	215.0	205.0	205.0	197.0	191.2	180.0	166.0
55	225.0	230.0	210.0	203.0	203.0	195.0	188.9	180.0	160.8
50	220.0	223.0	208.0	200.0	200.0	190.0	185.0	175.0	160.0
45	218.0	218.1	205.0	198.0	198.0	185.0	181.2	170.0	159.6
40	214.0	211.0	200.0	195.0	195.0	180.0	180.0	170.0	150.0
35	210.0	208.0	198.0	190.0	190.0	180.0	175.0	167.0	145.0
30	205.0	201.4	195.0	185.0	185.0	180.0	170.0	162.0	140.0
25	220.0	195.3	191.0	182.0	182.0	175.0	166.8	158.0	139.0
20	195.0	189.0	188.0	180.0	180.0	172.0	160.0	152.0	129.6
15	188.0	182.4	185.0	175.0	175.0	169.0	155.2	150.0	120.4
10	180.0	173.6	178.9	170.0	170.0	160.0	149.4	142.5	108.4
5	168.0	156.0	159.5	160.0	160.0	150.0	135.0	130.0	94.4

(2015년 국민체력실태조사, 문화체육관광부)

표 11-2 여성 제자리멀리뛰기 백분위 기준(cm)

백분위 \ 연령	19~24	25~29	30~34	35~39	40~44	45~49	50~54	55~59	60~64
95	212.3	201.0	180.0	180.0	179.3	170.0	170.0	150.0	149.5
90	205.0	199.7	172.7	172.7	170.0	168.5	163.0	144.9	140.0
85	198.0	194.1	168.0	168.0	169.0	165.0	152.5	140.0	135.0
80	187.0	185.4	165.0	165.0	165.0	160.0	150.0	137.8	130.0
75	180.0	180.0	160.0	160.0	163.0	159.5	147.0	134.8	125.0
70	174.0	172.2	160.0	160.0	160.0	155.0	141.0	130.0	120.0
65	170.0	169.9	155.0	155.0	158.0	151.9	140.0	129.0	115.0
60	165.0	165.0	152.6	152.6	155.0	150.0	140.0	125.0	112.0
55	160.8	160.0	150.0	150.0	151.0	146.0	135.0	120.0	110.0
50	159.0	160.0	148.0	148.0	150.0	144.0	130.0	118.0	106.0
45	153.0	153.4	145.0	145.0	145.2	140.0	130.0	115.0	105.0
40	150.0	150.0	142.0	142.0	143.0	138.0	127.0	112.0	103.0
35	145.0	147.0	140.0	140.0	140.0	135.0	121.5	110.0	100.1
30	140.0	145.0	137.3	137.3	140.0	131.8	120.0	105.0	100.0
25	136.0	137.5	132.3	132.3	135.0	130.0	115.0	100.0	95.0
20	133.0	131.2	130.0	130.0	131.0	120.2	110.0	95.6	93.0
15	127.0	126.9	125.0	125.0	128.0	116.0	106.5	92.0	90.0
10	120.0	119.2	120.0	120.0	123.0	110.0	100.0	90.0	80.0
5	110.0	107.5	112.1	112.1	115.4	100.3	88.0	78.1	75.0

(2015년 국민체력실태조사, 문화체육관광부)

제자리 삼단 외발 멀리뛰기 검사(Standing Single-Leg Triple Jump Test)

측정방법

- 피검자는 출발선 위에 10~30cm 정도 발을 벌리고 편한 자세를 취한다.
- 출발선 표시를 넘지 않도록 서서 팔이나 몸, 다리로 충분하게 반동을 주어 가능한 멀리 뛴다.
- 제자리 삼단 넓이뛰기는 두 가지 측정방법이 있으며 점프의 순서는 다음과 같다.
- 첫 번째와 두 번째 점프는 발을 번갈아 외발 점프하고, 세 번째 점프 후 양발로 착지한다(측정방법 1, 그림 11-3-1).
- 첫 번째와 두 번째 점프는 같은 발로 외발 점프하고, 세 번째 점프 후 양발로 착지한다(측정방법 2, 그림 11-3-2).
- 출발선에서 가장 가까운 발뒤꿈치의 착지점까지의 거리를 출발선과 직각으로 측정한다.
- 착지 후 몸의 일부분이 뒤쪽 바닥에 닿게 되면 닿은 부분까지의 거리를 기록한다.
- 2회 실시하여 좋은 수치를 기록한다.
- 수치는 0.1cm 단위로 기록한다.

그림 11-3-1 제자리 삼단 외발 멀리뛰기 준비(A)와 착지(D) 자세(측정방법 1)

그림 11-3-2 제자리 삼단 외발 멀리뛰기 준비(A)와 착지(D) 자세(측정방법 2)

제자리 높이뛰기 검사(Standing Vertical Jump Test)

측정방법

- 피검자는 벽으로부터 약간 떨어진 곳에 팔을 수직 위 방향으로 올린 채로 도약자세를 취한다.
- 벽에 붙어있는 줄자 위에 손가락 끝 위치를 표시해둔다(그림 11-4-A).
- 수직으로 뛰기 전, 양팔과 무릎을 자연스럽게 움직이며 제자리 높이뛰기 자세를 취한다(그림 11-4-B).
- 제자리 높이뛰기를 하며 손가락을 이용하여 최대높이에 닿는다(그림 11-4-C).
- 2회 측정 후 최대높이를 기록한다.
- 수치는 0.1cm 단위로 기록한다.

그림 11-4 제자리 높이뛰기 제자리 높이뛰기 시작점 표시(A), 준비(B), 닿는(C) 자세

표 11-3 제자리 높이뛰기 등급

등급	남성(cm)	여성(cm)
1	> 73	> 63
2	73~69	63~59
3	68~64	58~54
4	63~59	53~49
5	< 59	< 49

50m 달리기 검사

측정방법

- 출발선 뒤에 위치해서 스탠딩 스타트로 한다.
- 출발 신호와 함께 출발하고 피검자의 동체 부위가 결승선에 닿는 순간을 기록한다.
- 시간은 1/100에서 반올림하여 0.1초 단위로 기록한다.

표 11-4 남성 50m 달리기 백분위 기준(초)

백분위 \ 연령	19~24	25~29	30~34	35~39	40~44	45~49	50~54	55~59	60~64
95	10.2	10.3	10.7	11.1	12.4	11.8	12.4	13.2	16.2
90	9.5	9.9	10.2	10.4	11.2	11.2	11.7	12.6	15.2
85	9.1	9.6	9.9	10.0	10.3	10.8	11.3	12.0	14.5
80	8.9	9.1	9.4	9.6	10.2	10.4	10.9	11.6	13.3
75	8.6	8.9	9.2	9.4	10.0	10.2	10.6	11.3	12.8
70	8.4	8.7	9.0	9.2	9.7	9.9	10.4	11.0	12.5
65	8.2	8.5	8.8	9.0	9.5	9.8	10.2	10.9	12.0
60	8.1	8.4	8.7	8.8	9.4	9.5	9.9	10.6	11.7
55	7.9	8.3	8.5	8.7	9.2	9.3	9.8	10.4	11.3
50	7.8	8.2	8.4	8.5	9.0	9.2	9.6	10.2	11.1
45	7.6	8.0	8.3	8.4	8.9	9.1	9.4	9.9	10.9
40	7.5	7.9	8.2	8.3	8.7	8.9	9.2	9.7	10.7
35	7.4	7.8	8.1	8.2	8.5	8.8	9.0	9.5	10.3
30	7.3	7.6	8.0	8.14	8.4	8.6	8.8	9.3	10.0
25	7.2	7.4	7.9	8.1	8.3	8.5	8.6	9.2	9.7
20	7.0	7.3	7.8	8.0	8.1	8.4	8.4	9.0	9.5
15	6.9	7.1	7.6	7.8	8.0	8.1	8.3	8.9	9.3
10	6.7	6.9	7.3	7.6	7.8	7.9	8.0	8.6	8.9
5	6.6	6.7	7.2	7.3	7.5	7.5	7.6	8.3	8.7

(2015년 국민체력실태조사, 문화체육관광부)

표 11-5 여성 50m 달리기 백분위 기준(초)

백분위 \ 연령	19~24	25~29	30~34	35~39	40~44	45~49	50~54	55~59	60~64
95	12.2	13.6	13.9	13.7	13.2	14.8	14.9	17.1	16.9
90	11.8	12.4	12.5	12.7	12.6	14.4	14.6	16.1	16.2
85	11.2	12.0	12.2	12.4	12.4	14.2	14.2	15.0	16.1
80	10.9	11.4	11.8	12.0	12.0	13.2	13.6	14.7	15.3
75	10.7	11.1	11.5	11.7	11.7	13.0	13.2	14.1	15.1
70	10.3	10.9	11.3	11.4	11.5	12.6	12.9	13.7	14.8
65	10.1	10.6	11.0	11.3	11.4	12.3	12.7	13.5	14.6
60	9.9	10.4	10.9	11.2	11.2	11.9	12.5	13.2	14.3
55	9.8	10.3	10.8	11.0	11.0	11.7	12.4	13.0	13.9
50	9.7	10.2	10.7	10.9	10.9	11.5	12.2	12.7	13.7
45	9.6	10.1	10.6	10.8	10.7	11.3	12.0	12.4	13.5
40	9.4	10.0	10.4	10.7	10.6	11.2	11.7	12.2	13.3
35	9.2	9.9	10.2	10.5	10.4	11.1	11.5	12.0	13.1
30	9.1	9.8	10.1	10.2	10.2	10.9	11.4	11.9	12.8
25	9.0	9.7	9.8	10.1	9.9	10.7	11.0	11.6	12.5
20	8.8	9.5	9.7	10.0	9.8	10.5	10.8	11.3	12.1
15	8.7	9.2	9.5	9.8	9.5	10.3	10.5	11.1	11.6
10	8.5	8.8	9.2	9.5	9.4	10.0	10.1	11.0	11.4
5	8.3	8.6	8.8	9.1	8.9	9.4	9.8	10.8	11.0

(2015년 국민체력실태조사, 문화체육관광부)

순발력을 발달시킬 수 있는 플라이오메트릭(Plyometrics) 운동에 대하여 알아보자.

플라이오메트릭(Plyometrics) 운동

마라톤 선수보다 100미터 전력질주를 해야 하는 선수는 반사적으로 짧은 근수축 시간이 요구되며 이를 효율적으로 향상시키기 위한 방법이 플라이오메트릭 운동이다.

짧은 시간동안 강하고 폭발적인 동작을 추진하기 위해 근육을 빠르게 신장(Eccentric)시킨 후 단축성(Concentric)으로 빠르게 수축시키는 신장-단축 사이클(Stretch-Shortening Cycle: SSC)을 이루어진다. 대부분 제자리 점프, 복합적인 호핑/점핑, 바운딩, 박스 점프, 뎁스 점프, 토스나 패스 등의 공던지기 등으로 구성하여 수평이나 수직 운동을 최대화시킨다. 운동 강도는 동작의 복잡성, 부하(웨이트조끼나 덤벨), 속도, 반복수, 박스 높이나 크기 등에 의해 달라지며 뎁스 점프(Depth jump or drop jump) 강도가 제일 높다. 뎁스 점프는 특정 높이에서 지면으로 착지하자마자 즉시 뛰어오르는 식으로 훈련하기 때문에 근골격계에 충격이 커질 수 있으므로 기본적인 체력이 갖추어졌을 때 기술이 적용되어야 한다. 복합운동(Complex exercise) 형태로 실시할 때 효과를 극대화시킬 수 있다.

아래의 플라이오메트릭 운동은 운동의 강도를 높이기 위해 1회 실시 후 발이 바닥에 닿는 순간 계속하여 운동동작을 반복 그리고 점프를 수직 혹은 수평 방향으로 변경 응용할 수도 있다.

운동방법

제자리 두발점프(Double Leg Jump)

- 양손은 엉덩뼈능선 위에 위치한다.
- 양 무릎을 구부렸다 최대한 수직점프를 한다.

그림 11-5 제자리 두발점프(Double Leg Jump)

스쿼트점프(Squat Jump)

- 양손은 머리 뒤쪽에 위치한다.
- 양 무릎을 구부렸다 최대한 수직점프를 한다.

그림 11-6 스쿼트점프(Squat Jump)

제자리 수직 파워점프(Double Leg Vertical Power Jump)

- 양손은 몸통 옆에 위치한다.
- 양 무릎을 구부렸다 팔을 위로 뻗으며 최대한 수직점프를 한다.

그림 11-7 제자리 수직 파워점프(Double Leg Vertical Power Jump)

제자리 턱점프(Double Leg Tuck Jump)

- 양손은 몸통 옆으로 위치한다.
- 양 무릎을 구부렸다 무릎이 가슴에 닿는 동작으로 최대한 수직점프를 하며 손으로 무릎을 잡는다.

그림 11-8 제자리 턱점프(Double Leg Tuck Jump)

새우점프(Pike Jump)

- 양손은 몸통 옆으로 위치한다.
- 양 무릎을 구부렸다 다리를 바닥과 평행되게 뻗으면서 최대한 수직점프를 하며 손이 발가락에 닿도록 한다.

그림 11-9 새우 점프(Pike Jump)

스플릿 스쿼트점프(Split Squat Jump)

- 양손은 몸통 옆으로 위치하고 런지자세를 취한다.
- 양 무릎을 펴며 최대한 수직점프를 하고 시작자세로 돌아온다.

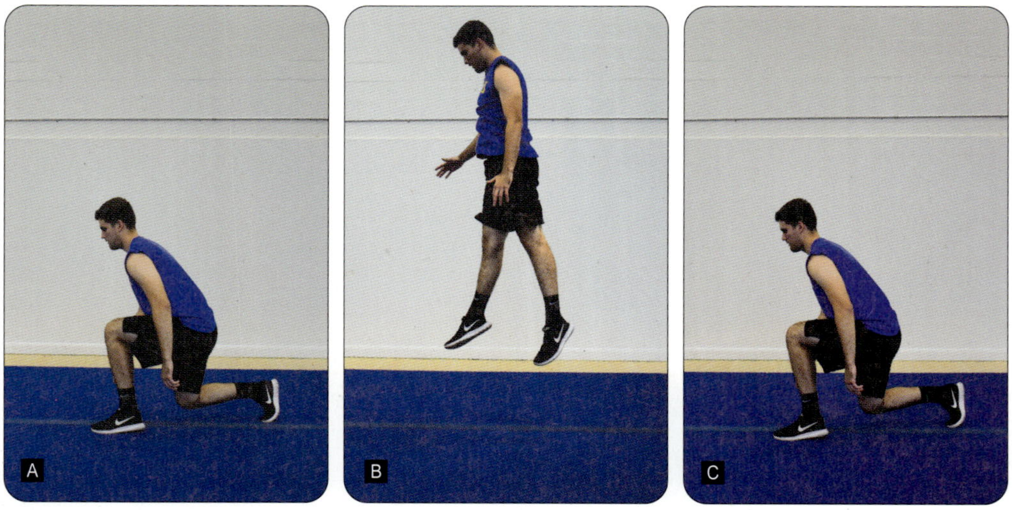

그림 11-10 스플릿 스쿼트점프(Split Squat Jump)

다리교차 스쿼트점프(Cycled Split Squat Jump)

- 양손은 몸통 옆으로 위치하고 런지자세를 취한다.
- 양 무릎을 펴며 최대한 수직점프를 하고 공중에서 발을 바꾸어 시작자세로 돌아온다.

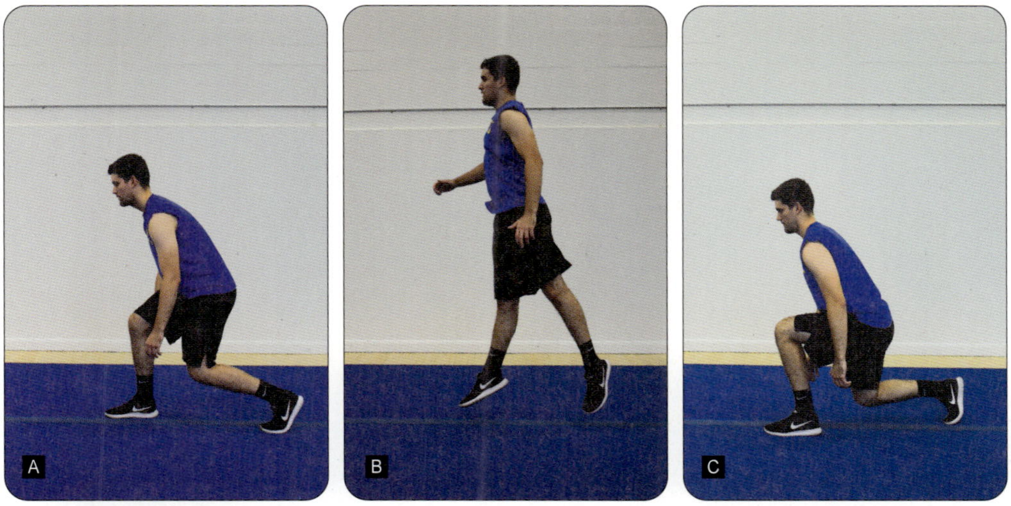

그림 11-11 다리교차 스쿼트점프(Cycled Split Squat Jump)

제자리 삼단 점프(Standing Triple Jump)

- 양손은 몸통 옆으로 위치한다.
- 한 다리로 서서 무릎을 구부렸다 최대한 수직점프를 3회 연속한다.

그림 11-12 제자리 삼단 점프(Standing Triple Jump)

양발 깡충뛰기(Double Leg Hop)

- 양손은 몸통 옆으로 하고 콘의 우측 혹은 좌측에 위치한다.
- 양 무릎을 구부렸다 최대한 수직점프를 하여 콘을 넘어간 후 발이 바닥에 닿는 순간 바로 반대 방향으로 콘을 넘어온다. 좌우 혹은 전후 방향으로 응용.

그림 11-13 양발 깡충뛰기(Double Leg Hop)

양발 지그재그 깡충뛰기(Double Leg Zigzag Hop)

- 양손은 몸통 옆으로 위치하고 콘을 지그재그 형태로 전방에 여러 개(45~60 cm거리정도) 위치한다.
- 양 무릎을 구부렸다 지그재그 형태로 콘과 콘 사이를 연속 점프한다.

그림 11-14 양발 지그재그 깡충뛰기(Double Leg Zigzag Hop)

뎁스점프(Depth Jump)

- 양발 앞부분이 박스에서 조금 나오도록 박스에 올라서서 양팔은 몸통 옆으로 위치한다.
- 한발을 천천히 앞으로 내딛으며 박스에서 내려오며 양발이 바닥에 닿는 순간 팔을 수직 방향으로 뻗으며 최대한 수직점프를 한다.

그림 11-15 뎁스점프(Depth Jump)

박스점프(Box Jump)

- 첫 번째 박스 앞에 서서(60cm 거리정도) 양 무릎을 구부렸다 양발로 동시에 박스 위에 뛰어 오른다.
- 박스 위에 오른 후 바로 양팔을 수직 방향으로 뻗으며 최대한 높이 최대한 멀리 점프를 한다.
- 개인의 능력에 따라 박스간의 거리와 박스 개수(2~4개 정도)를 선택하여 연속으로 운동한다.

그림 11-16 박스점프(Box Jump)

외발 뎁스점프(Single Leg In-Depth Jump)

- 박스(낮은높이) 위에 외발서기로 서서 양팔은 몸통 옆으로 위치한다.
- 박스에서 천천히 내려오며 발이 바닥에 닿는 순간 최대한 수직점프를 한다.

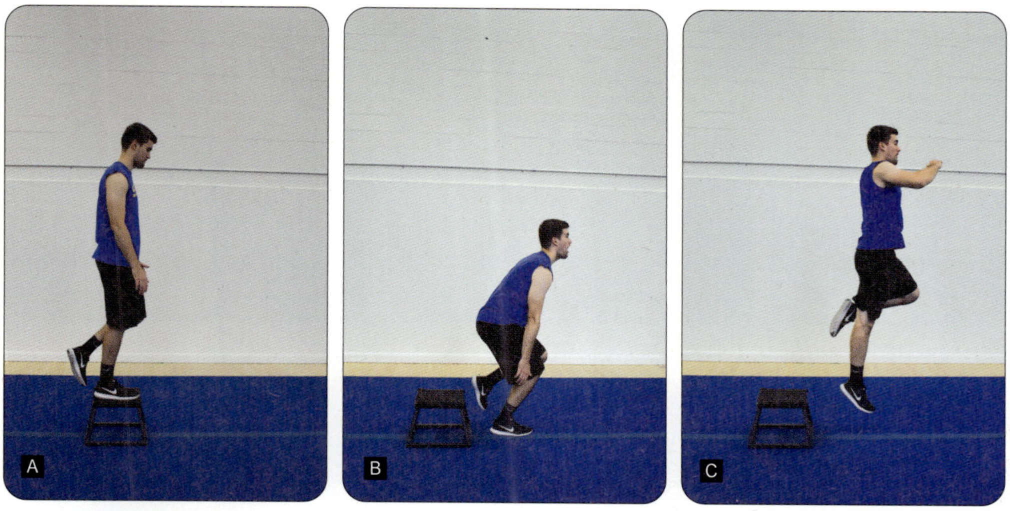

그림 11-17 외발 뎁스점프(Single Leg In-Depth Jump)

메디신볼 오버헤드 던지기(Medicine Ball Overhead Throw)

- 양손으로 메디신볼을 잡아 전방에 위치하게 한다.
- 양 팔꿈치를 구부리며 메디신볼을 머리 뒤로 이동시켰다 최대한 멀리 던진다.

그림 11-18 메디신볼 오버헤드 던지기(Medicine Ball Overhead Throw)

메디신볼 팔굽혀펴기(Medicine Ball Push Up)

- 메디신볼 위에서 양손을 모아 팔굽혀펴기 자세를 한다.
- 양 손으로 메디신볼을 세게 민 후, 양손을 볼 옆으로 이동하여 팔 굽히기 자세를 취하고, 이후 양손으로 바닥을 밀어 시작자세로 돌아온다.

그림 11-19 메디신볼 팔굽혀펴기(Medicine Ball Push Up)

낙하 팔굽혀펴기(Drop Push Up)

- 양 무릎과 팔꿈치, 허리를 구부려 팔굽혀 펴기 준비자세를 취한다.
- 양발로 바닥을 밀면서 뛰어올라 공중에서 팔굽혀펴기 자세를 취하면서 가슴이 바닥에 닿을 정도로 내려간다.
- 양손과 발은 바닥을 동시에 밀며 공중으로 뛰어올라 시작자세로 돌아간다.

그림 11-20 낙하 팔굽혀펴기(Drop Push Up)

실습활동 11-1 2~3명씩 조를 구성하여 각 조의 구성원이 각 순발력 검사를 돌아가며 피검자와 검사자의 역할을 해보자.

	제자리멀리뛰기(cm)		제자리 삼단 외발멀리뛰기(cm)				제자리높이뛰기(cm)		50m 달리기(초)
			측정방법1		측정방법2				
	1회	2회	1회	2회	1회	2회	1회	2회	
피검자1									
나이									
등급/백분위									
피검자2									
나이									
등급/백분위									
피검자3									
나이									
등급/백분위									

실습활동 11-2 2~3명씩 조를 구성하여 각 조의 구성원이 플라이오메트릭 운동을 돌아가며 지도해 보고 점프, 호프, 박스, 메디신 볼을 이용한 각 플라이오메트릭 운동들을 두개씩 만들어 보자.

플라이오메트릭운동		운동방법
점프운동 1		
운동명		
점프운동2		
운동명		
호프운동1		
운동명		
호프운동2		
운동명		
박스운동1		
운동명		
박스운동2		
운동명		
메디신볼운동1		
운동명		
메디신볼운동2		
운동명		

참고문헌

1. American College of Sports Medicine (2014). ACSM's guidelines for exercise testing and prescription (9th ed.). Baltimore, MD: Lippincott Williams & Wilkins.
2. American College of Sports Medicine (2014). ACSM's health-related physical fitness assessment Manual (4th ed.). Baltimore, MD: Lippincott Williams & Wilkins.
3. Chu, D. A., & Myer, G (2013). Plyometrics: Dynamic Strength and Explosive Power. Champaign, IL: Human Kinetics.
4. Ratamess, N. (2012). ACSM's foundations of strength training and conditioning. Baltimore, MD: Lippincott Williams & Wilkins.

CHAPTER 12

민첩성검사

Agility Assessment

민첩성은 짧은 시간 안에 신체의 위치변화나 방향전환을 얼마나 효율적으로 하느냐에 대한 능력이다. 이는 외부의 자극을 감지하고 인지하는 감각기능과 이미 인지되어 요구되는 일련의 움직임을 판단 통제하고, 이러한 동작을 신체의 균형을 이루며 위치변화를 빠르게 수행하고 표현해내는 근신경계 등의 역할이 요구되는 종합적인 기능이다. 민첩성을 강화하고 그 기능을 평가하기 위해서는 동적 균형성, 정적 균형성, 스피드, 근력, 근지구력, 협응성 등의 요소가 포함되어야 한다.

그림 12-1 민첩성이 요구되는 스포츠 종목

T-검사(T-Test)

측정방법

- 4개의 콘(A-D)을 그림 12-2와 같이 위치한다.
  - ▶ 5 yards = 4.57m
- 피검자는 콘A의 우측이나 좌측에 위치하여 정면을 바라보고 출발 준비를 한다.
- 피검자가 콘A를 출발함과 동시에 시간측정이 시작된다. 콘을 터치할 때는 콘의 아래 부위를 손으로 터치한다.

- 콘A에서 출발 후, 오른손으로 콘B를 터치 후, 사이드 스텝으로 콘C로 가서 왼손으로 터치 후, 사이드 스텝으로 콘D로 가서 오른손으로 터치 후, 사이드 스텝으로 콘B로 가서 왼손으로 터치 후, 백스텝으로 콘A 통과 시 시간을 기록한다.
- 2번 측정 후 빠른시간을 기록한다.
- 시간은 0.1초 단위로 기록한다.

검사중 종료 기준

- 검사 시작부터 마지막까지 앞 방향 보는 것을 유지 못할 경우
- 하나의 콘이라도 터치 못할 경우
- 사이드스텝 시 한발이 다른 발 앞으로 나아갔을 경우

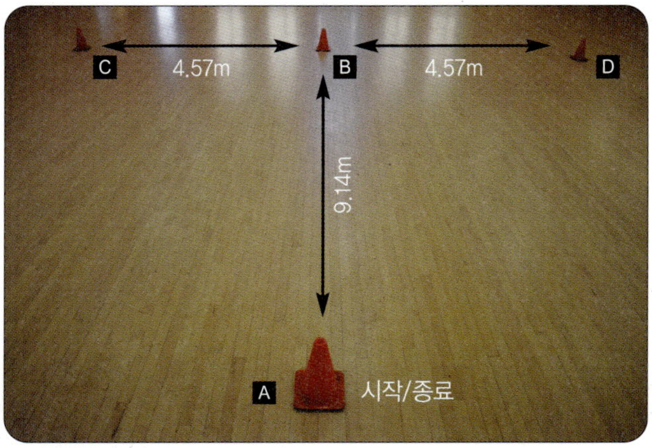

그림 12-2 T-검사(T-Test)

표 12-1 T-검사 기준

구분	남성(초)	여성(초)
매우우수	< 9.5	< 10.5
우수	9.5~10.5	10.5~11.5
보통	10.6~11.5	11.6~12.5
부족	> 11.5	> 12.5

일리노이 민첩성검사(Illinois Agility Test)

측정방법

- 8개의 콘(A-H)을 그림 12-3과 같이 위치한다.
- 피검자는 콘A의 좌측에 위치하여 정면을 바라보고 출발 준비를 한다.
- 피검자가 콘A를 출발함과 동시에 시간측정이 시작된다.
- 피검자는 콘A를 출발하여 콘B를 좌측으로 돌아서, 그림과 같이 콘C를 바깥(우측)으로 돌아서 8자모양으로 콘D-E-F-E-D-C를 돌아서, 콘G를 좌측에서 우측으로 돌아 콘H를 통과한다.
- 2번 측정 후 최고 시간을 기록한다.
- 시간은 0.1초 단위로 기록한다.

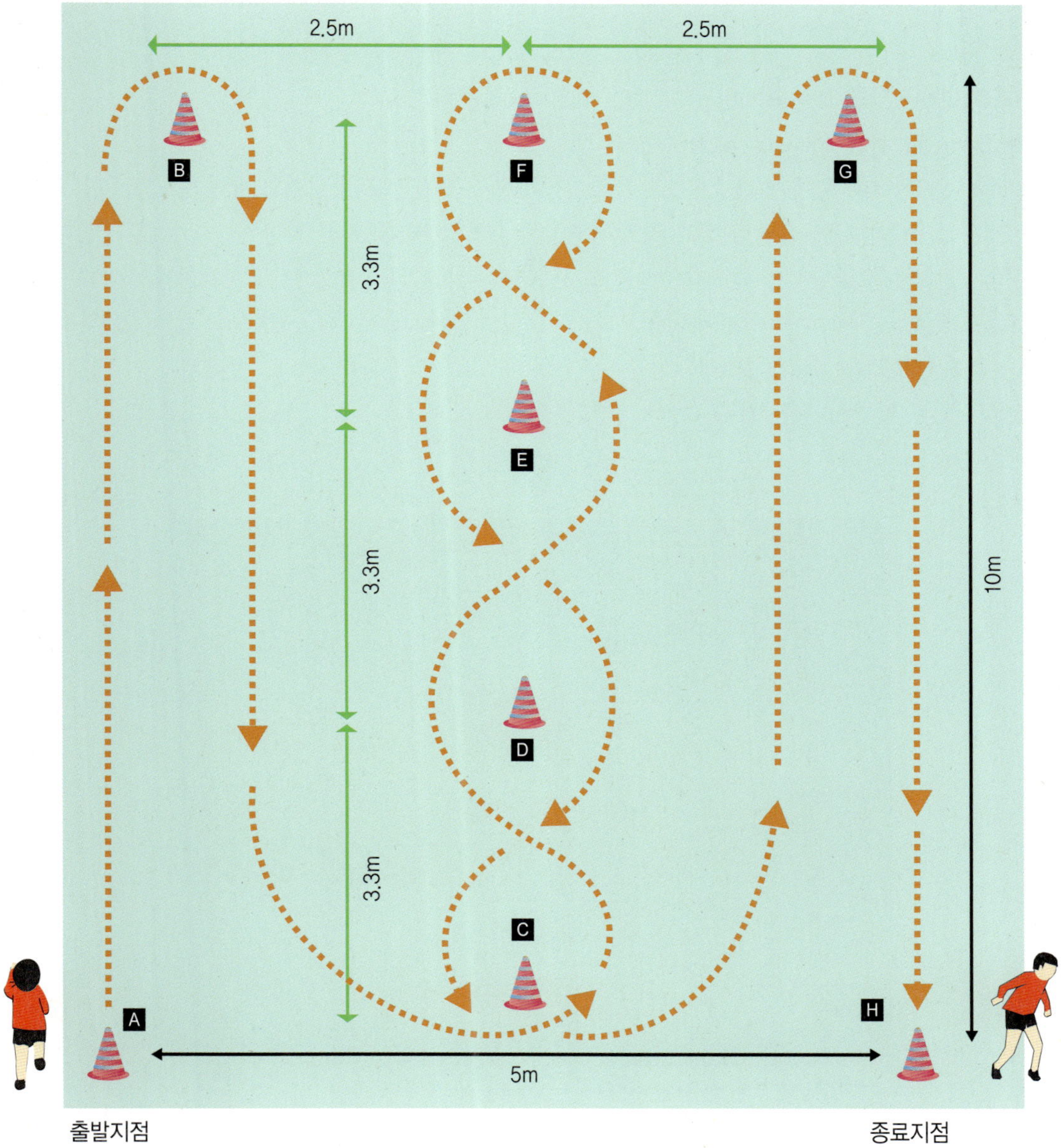

그림 12-3 일리노이 민첩성검사(Illinois Agility Test)

표 12-2 일리노이 민첩성검사(Illinois Agility Test) 기준

구분	남성(초)	여성(초)
매우우수	< 15.2	< 17.0
우수	15.2~16.1	17.0~17.9
보통	16.2~18.1	18.0~21.7
보통이하	18.2~18.3	21.8~23.0
부족	> 18.3	> 23.0

3-콘 민첩성검사(3-Cone Agility Test)

측정방법

- 3개의 콘(A-C)을 그림 12-4와 같이 "ㄱ"형으로 위치한다.
  - ▶ 5 yards = 4.57m
- 콘A와 콘B의 좌우측에는 테이프를 이용하여 각 40~50cm 정도의 길이의 바닥선을 표시한다.
- 피검자는 콘A의 우측 출발선 뒤에 서서 정면을 바라보고 출발준비를 한다.
- 피검자는 콘A를 출발하여 콘B 바닥선을 오른손으로 터치하고, 다시 콘A 방향으로 달려 콘A 바닥선을 오른손으로 터치하고, 다시 콘B 방향으로 달려 콘B 좌측을 돌아, 콘C 방향으로 달려 콘C의 우측을 돌고, 콘B의 우측을 돌아 콘A를 통과한다.
- 2번 측정 후 빠른시간을 기록한다.
- 시간은 0.1초 단위로 기록한다.

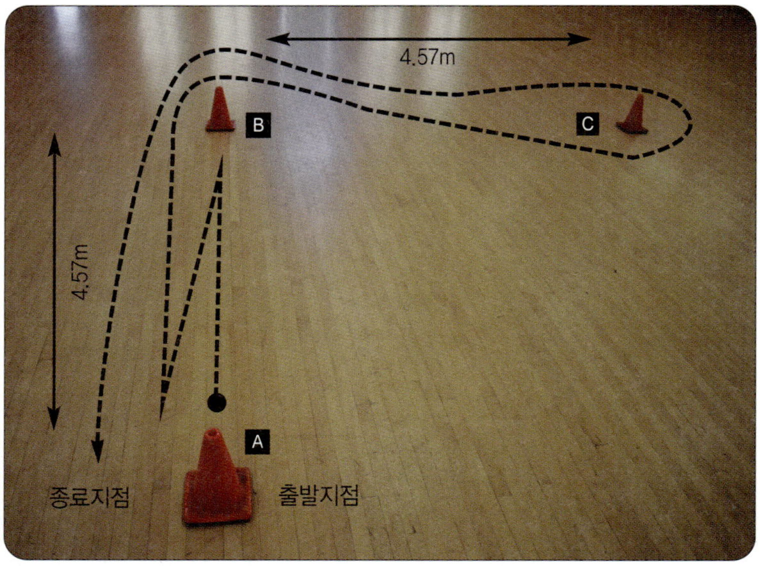

그림 12-4 콘 민첩성검사(3-Cone Agility Test)

표 12-3 미국프로축구(National Football League: NFL) 선수의 3-콘 민첩성검사(3-Cone Agility Test) 기준

선수 포지션	기록(초)
선수전체(평균)	7.88±0.66
QB (Quarter back)	7.71±1.01
RB (Running back)	7.02±0.60
WR (Wide receiver)	7.66±0.57
TE (Tight end)	7.86±0.49
LB (Linebacker)	7.63±0.44
DB (Defensive back)	7.82±0.34
LM (Lineman)	8.59±0.75
OBF (Offensive backfield)	7.65±0.58
DBF (Defensive backfield)	7.72±0.38

사이드스텝 검사(Side-Step Test)

측정방법

- 바닥에 테이프를 이용하여 1.2m 간격으로 3개 선을 그림 12-5와 같이 부착한다.
- 피검자는 중앙선의 좌우측에 양 발을 위치하고 출발 준비를 한다(그림 12-5A).
- "시작" 구령과 함께 사이트스텝으로 오른발이 오른쪽 선을 넘어오면 1회로 기록한다(그림 12-5B).
- 오른발이 오른쪽 선을 넘자마자 바로 왼쪽으로 사이드스텝하여 출발 위치로 돌아오면 2회로 기록한다(그림 12-5A).
- 왼쪽으로 사이드스텝하여 왼발이 왼쪽 선을 넘어오면 3회로 기록한다(그림 12-5C).
- 오른쪽으로 사이트스텝하여 출발 위치로 돌아오면 4회로 기록한다(그림 12-5A).
- 위의 동작을 연속으로 한다.
- 20초간의 총 횟수를 측정한다.
- 2번 측정 후 좋은 수치를 기록한다.

검사중 종료 기준

- 검사 중 선을 밟았을 경우
- 손이 바닥에 닿았을 경우
- 두발이 동시에 바닥에서 떨어졌을 경우

그림 12-5 사이드스텝 검사(Side-Step Test)

표 12-4 사이드스텝 검사(Side-Step Test) 등급

등급	남성(회)	여성(회)
1	> 54	> 50
2	54~50	50~46
3	49~45	45~41
4	44~40	40~36
5	< 40	< 36

10m 왕복달리기 검사(10m Shuttle Run Test)

측정방법

- 터치 버튼(A와 B)을그림 12-6과 같이 10m 길이의 양끝에 위치한다.
- 출발선에서 출발 후 전방 10m 거리에 있는 버튼B을 터치하고 되돌아와 출발선에 있는 버튼 A를 터치한다.
- 이어서 전방에 있는 버튼B로 다시 달려가서 터치하고 되돌아와 출발선에 있는 버튼A를 터치하고 출발선을 통과한(그림 12-6-C) 총 40m의 시간을 측정한다.
- 버튼 터치는 손으로 해야 한다.
- 1회 측정 후, 시간은 0.1초 단위로 기록한다.

그림 12-6 왕복달리기 검사

표 12-5 10m 왕복달리기 검사(10m Shuttle Run Test) 등급

등급	남성(초)	여성(초)
1	< 8.8	< 9.7
2	8.8~9.2	9.7~10.1
3	9.3~9.7	10.2~10.6
4	9.8~10.2	10.7~11.1
5	> 10.2	> 11.1

실습활동 12-1 2~3명씩 조를 구성하여 각 구성원은 5가지 민첩성검사를 돌아가며 피검자와 검사자의 역할을 해보자.

	T-검사	일리노이 민첩성검사	3-콘 민첩성검사	사이드스텝 검사	10m 왕복달리기 검사
피검자1					
평가(구분/등급)					
비고					
피검자2					
평가(구분/등급)					
비고					

참고문헌

1. American College of Sports Medicine (2014). ACSM's guidelines for exercise testing and prescription (9th ed.). Baltimore, MD: Lippincott Williams & Wilkins.
2. American College of Sports Medicine (2014). ACSM's health-related physical fitness assessment Manual (4th ed.). Baltimore, MD: Lippincott Williams & Wilkins.
3. Getchell, B. (1979). Physical fitness: A way of life (2nd ed.). New York, NY: John Wiley and Sons.
4. Ratamess, N. (2012). ACSM's foundations of strength training and conditioning. Baltimore, MD: Lippincott Williams & Wilkins.
5. Topend Sports: The sport & science resource. http://www.topendsports.com/

찾아보기

Index